Johannes Thüne

Das Wunder der Menschwerdung

Johannes Thüne

Das Wunder der Menschwerdung

Ein Beitrag zur Narrativität der Wundererzählungen und dem Johannesprolog

Fromm Verlag

Imprint
Any brand names and product names mentioned in this book are subject to trademark, brand or patent protection and are trademarks or registered trademarks of their respective holders. The use of brand names, product names, common names, trade names, product descriptions etc. even without a particular marking in this work is in no way to be construed to mean that such names may be regarded as unrestricted in respect of trademark and brand protection legislation and could thus be used by anyone.

Cover image: www.ingimage.com

Publisher:
Fromm Verlag
is a trademark of
International Book Market Service Ltd., member of OmniScriptum Publishing Group
17 Meldrum Street, Beau Bassin 71504, Mauritius

Printed at: see last page
ISBN: 978-613-8-35950-0

Inhaltsverzeichnis

1. Einleitung

1.1. Fragestellung und Aufbau der Arbeit

„Wenn je das Göttliche auf Erden erschien, so war es mit der Geburt Christi.“ – dieses Zitat schreibt man Johann Wolfgang von Goethe zu. Aus einer christlich-gläubigen Perspektive ist in Jesus von Nazareth Gott Mensch geworden. Das Konzil von Chalcedon formulierte im 5. Jahrhundert Jesus Christus sei ‚wahrer Gott‘ und ‚wahrer Mensch‘ – unvermischt, unverwandelt, ungetrennt und unzerteilt. Diese Aussagen sind der Versuch einen festen Boden zu bestimmen, dem möglichst viele innerhalb der Kirche zustimmen konnten. Für eine systematische Theologie sind solche Versuche sehr hilfreich – auch wenn sie wie in diesem Fall schwer verständlich sind, da sie versuchen die unterschiedlichen Positionen (der Betonung der Göttlichkeit Jesu – und der Betonung der Menschlichkeit Jesu) zu vereinen.

Anliegen meiner Arbeit ist jedoch nicht die Beschäftigung der ersten Jahrhunderte bis zum Konzil von Chalcedon, sondern ich beschäftige mich im Folgenden ausschließlich mit einem der ersten Versuche die Menschwerdung in eine Sprache zu bringen – dem Johannesprolog. Mein Grundanliegen ist recht komplex und ich hoffe, dass ich es (zumindest im Verlauf der Arbeit) begreiflich machen kann: Das *Wunder der Menschwerdung* wird klassischerweise nicht in Texten behandelt, die sich mit (biblischen) Wundererzählungen auseinandersetzen. Trotzdem ist mein Ansatz sich über die Sekundärliteratur zu Wundererzählungen dem *Wunder der Menschwerdung* zu nähern, um möglicherweise Analogien zu entdecken, die weiterzuverfolgen sich lohnt. Das Themenfeld der Wundererzählungen ist allerdings selbst voraussetzungsreich, sodass ich der Arbeit einige Grundlagen voranstelle:

Zunächst widme ich mich dem Verhältnis von Wunder und Wundererzählungen, woran ich einen etwas größeren Problemaufriss meiner Arbeit anschließe, der für die Einleitung zu umfangreich wäre. In einem nächsten Schritt versuche ich den Text des Johannesprologs zu kontextualisieren und thematisiere antike Historiographie, bevor ich mich mit verschiedenen Verständnisweisen der Wunder auseinandersetze. Immer noch im recht ausführlichen Grundlagenbereich wende ich mich abschließend noch der Leiblichkeit in der Theologiegeschichte zu und formuliere kurze Vorbemerkungen zum Johannesprolog.

Im Anschluss an diese Grundlagen versuche ich dem von mir aufgezeigten Problemaufriss gerecht zu werden. Dies erfolgt nicht in Form einer klassisch exegetischen Arbeit, da das Grundproblem eher systematischer Natur ist.

Abschließend fasse ich meine Ergebnisse zusammen.

Hinweisen möchte ich zudem noch darauf, dass ich den Johannesprolog der Arbeit angehangen habe.

1.2. Literaturbericht

Die verwendete Literatur zu dieser Arbeit ist sehr viel, da einige Grundlagen vorangestellt werden. Aus dem allgemeinen Bereich zum *linguistic turn* und der Konstruktivität möchte ich den Beitrag von Stefan JORDAN (sowie den Beitrag von Ruben ZIMMERMANN im Sammelband *Text und Geschichte*) hervorheben, konkret bezogen auf das Verhältnis Wunder und Wundererzählungen verweise ich besonders auf Susanne LUTHER und ZIMMERMANN (hier ist außerdem Rudolf BULTMANN zu nennen). Im Bereich der Verständnisweisen von Wunder(-erzählungen) ist zu sagen, dass dieser Bereich sich aktuell großer Beliebtheit erfreut. Hervorheben möchte ich in diesem Bereich drei Personen: Neben ZIMMERMANN, verweise ich namentlich noch auf Stefan ALKIER und Bernd KOLLMANN. Zur Leiblichkeit möchte ich vorwiegend den Beitrag von Joachim NEGEL hervorheben. Außerdem sei hier auch auf den Sammelband *Eros – Körper – Christentum*, herausgegeben von Stefan Orth, verwiesen. Im Feld der Menschwerdung und des Johannesprologs möchte ich neben dem Beitrag von Michael RASCHE die gemeinsame Arbeit von Reinhard FELDMEIER und Hermann SPIERCKERMANN hervorheben. Nicht Teil dieser Arbeit, aber als

Ausblick angedacht, kann ich mir vorstellen, dass die Arbeiten von Paul RICŒUR in diesem Kontext interessant sein könnten[1].

[1] Im Besonderen: RICŒUR, Paul, *An den Grenzen der Hermeneutik. Philosophische Reflexionen über die Religion*, Freiburg i.Br., München: Verlag Karl Alber 2008 (worin auch ein Abschnitt unter dem Titel „Hermeneutik der Idee der Offenbarung" enthalten ist).

2. Grundlagen

2.1. Wunder und Wundererzählungen – Der Problemaufriss

„Ausgangspunkt für die Interpretation der evangelischen Wunderberichte [ich bevorzuge Wundererzählungen, JT] muss somit sein: Sie sind keine Direktreportagen, keine wissenschaftlich überprüften Dokumentationen, keine historischen, medizinischen oder psychologischen Protokolle. Sie sind vielmehr unbekümmerte volkstümliche Erzählungen, die glaubendes Staunen hervorrufen sollen. Als solche stehen sie völlig im Dienst der Christusverkündigung."[2]

„Falls wir einer Philosophie anhängen, die das übernatürliche ausschließt, werden wir eben dieses stets behaupten."[3] – so formuliert C.S. LEWIS zu Beginn seiner Auseinandersetzung mit der Wunderthematik. Ähnlich artikuliert es auch Romano GUARDINI in Bezugnahme auf den Zeichencharakter[4]. GUARDINI macht am Ende seiner Ausführungen einen Bogen nach Lourdes – beziehungsweise zu den Wundern Lourdes'[5] – und formuliert: „Das Wesentliche an Lourdes ist nicht das Wunder, sondern das Zeichen."[6] „Die Wunder sind Grenzerscheinungen, welche aufmerksam machen sollen, und zwar auf eine Wirklichkeit, die ‚nicht von dieser Welt' ist."[7]

[2] KÜNG, Hans, *Jesus*, München, Zürich: Piper 2012, S. 118.
Direkt im Anschluss formuliert KÜNG: „Bei aller Skepsis gegenüber der einzelnen Wundererzählung stimmen heute auch die kritischen Exegeten darin überein, dass nicht die gesamte Berichterstattung von Wundern als ungeschichtlich abgetan werden kann." Ebd.

[3] LEWIS, Clive Staples, *Wunder. Möglich, wahrscheinlich, undenkbar?*, Basel: Brunnen Verlag 2012[5], S. 7.

[4] „Im Ganzen des Wunderphänomens bildet das Moment des Zeichens das Eigentliche und Entscheidende. Gesetzt den Fall, der Erfahrene faßte [sic.] nur einen Vorgang auf, der nach seiner Einsicht aus den gegebenen natürlichen Voraussetzungen nicht erklärt werden könnte, dann würde er dadurch allein nicht veranlaßt [sic.], auf religiöse Momente zurückzugreifen. […] Erst die Erfahrung des Zeichens, der Eindruck einer heiligen Gegenwart, das Berührtsein durch eine von anderswoher kommende Mahnung gibt dem Vorgang den religiösen Charakter und veranlaßt [sic.] den Empfänglichen, quer durch alle möglichen und zu erwartenden rationalen Erklärungen hindurch an das Walten Gottes zu denken und sich ihm zu stellen." GUARDINI, Romano, *Das Wunder als Zeichen*, in: Karl Forster (Hg.), Wunder und Magie, Würzburg: Echter-Verlag 1962 (Studien und Berichte der Katholischen Akademie in Bayern, 17), S. 88.

[5] Vgl. Ebd. S. 91–93; Vgl. GUARDINI, Romano, *Wunder und Zeichen*, Würzburg: Werkbund-Verlag Würzburg 1959, S. 53–56.

[6] GUARDINI, *Wunder und Zeichen*, S. 56. Zum Zeichen: „Im 20. Jahrhundert besann man sich neu auf die Zeichenfunktion des Wunders" PERNKOPF, Elisabeth, *Wunder wirken. Epistemologische und systematisch-theologische Bemerkungen*, in: Bibel und Liturgie … in kulturellen Räumen 84, 4 (2011), S. 245.

[7] GUARDINI, *Wunder und Zeichen*, S. 54.

Entscheidend im Umgang mit der Wunderthematik ist also das Wirklichkeitsverständnis (der Kultur; der jeweiligen Zeit; der Einzelperson)[8].

Bereits im 18. Jahrhundert formulierte Gotthold Ephraim LESSING, dass es einen Unterschied mache, ob jemand einem Wunder (das etwas offenbaren soll) selbst beiwohnt, oder ob das Wunder nur (historisch; narrativ) überliefert sei[9]. Søren KIERKEGAARD wiederum äußert den Gedanken, dass auch jene, die ein Wunder direkt erleben, den Sprung zum Glauben erst wagen müssen[10] und spielt damit ebenfalls auf das Wirklichkeitsverständnis (der Einzelperson) an. Die Frage nach dem Wirklichkeitsverständnis scheint mir in der derzeitigen Forschung, lange nach LESSING und KIERKEGAARD, en vogue zu sein. Insbesondere in Folge von Hayden WHITE's *Metahistory*[11] aus den 1970er Jahren scheint das Wirklichkeitsverständnis und die Konstruktivität mehr in den Fokus gerückt zu sein. Unter dem Etikett *linguistic turn* versteht sich in Folge von WHITE ganz allgemein die Bedeutung der Narrativität, die in der Beschäftigung mit der Vergangenheit zurecht große Beachtung erfahren hat und erfährt[12]. Die geschichtstheoretische Diskussion im Anschluss an Hayden White ist dabei einer der Gründe, warum die Wunderthematik seit den 1990er Jahren eine neue Fülle an Publikationen erlebt[13]. In Bezug auf die Wunderthematik formuliert ZIMMERMANN vor dem Hintergrund des *linguistic turn* knapp: „Wunder[-erzählungen] sind Wirklichkeitserzählungen“[14]. Generell lässt sich eine große Sensibilität in Bezug

[8] Wunder [auch das *Wunder der* Menschwerdung] sind demnach „'Provokationen der Vernunft' im besten Wortsinn: Sie fordern das Denken heraus – auch über Dimensionen von Wirklichkeit und über Rationalitäts- und Redeformen nachzudenken.“ PERNKOPF, *Wunder wirken*, S. 245.

[9] Vgl. LESSING, Gotthold Ephraim, *Über den Beweis des Geistes und der Kraft*, in: Werke und Briefe VIII, Frankfurt a. M.: Deutscher Klassiker Verlag 1989, S. 443.

[10] Vgl. KIERKEGAARD, Søren, *Philosophische Schriften*, Frankfurt a. M.: Zweitsausendeins 2007, S. 742f.

[11] WHITE, Hayden, *Metahistory. The Historical Imagination in Nineteenth-Century Europe*, Baltimore, London: The John Hopkins University Press 1973.

[12] Zum *linguist turn* siehe: ZIMMERMANN, Ruben, *Verschlungenheit und Verschiedenheit von Text und Geschichte. Eine hinführende Skizze*, in: Christof Landemesser und ders. (Hgg.), Text und Geschichte. Geschichtswissenschaftliche und literaturwissenschaftliche Beiträge zum Faktizitäts-Fiktionalitäts-Geflecht in antiken Texten, Leipzig: Evangelische Verlagsanstalt 2017, S. 9–51 (insbesondere S. 13–18).

[13] Als einen weiteren Grund benennt ZIMMERMANN ein neues Hoch der historischen Jesusforschung. Vgl. ZIMMERMANN, Ruben, *Wundern über ‚des Glaubens liebstes Kind'. Die hermeneutische (De-)Konstruktion der Wunder Jesu in der Bibelauslegung des 20. Jahrhunderts*, in: Alexander C.T. Geppert und Till Kössler (Hgg.), Wunder. Poetik und Politik des Staunens im 20. Jahrhundert, Berlin: Suhrkamp 2011, S. 120.

[14] ZIMMERMANN, Ruben, *Frühchristliche Wundererzählungen – eine Hinführung*, in: ders. (Hg.), Kompendium der frühchristlichen Wundererzählungen. Die Wunder Jesu (Bd. 1), Gütersloh: Gütersloher Verlagshaus 2013, S. 2. Ähnlich auch bei LUTHER, bezugnehmend auf KLEIN und MARTINEZ: „In Bezug auf

auf den Erzählungscharakter im *Kompendium der frühchristlichen Wundererzählungen* feststellen[15], die ich insgesamt vollauf teile. An dieser Stelle möchte ich nun einen kurzen Problemaufriss meines Anliegens dieser Arbeit aufzeigen:

Zunächst einmal: In Folge von Hayden WHITE, aber im Grunde auch schon in der Folge von Gotthold Ephraim LESSING, teile ich die Überzeugung, dass wir ganz grundsätzlich über die Arbeit mit Texten nicht an die historische Wirklichkeit (insbesondere in einem recht objektiv verstandenen Sinne) gelangen können, sondern über Texte und andere Quellen „lediglich" Geschichte konstruieren können[16]. Die Möglichkeiten der Konstruktion sind nicht beliebig – die Quellen geben einen gewissen Raum vor, indem die Historiker*Innen sich bewegen können – aber es handelt sich immer um Konstruktionen der Vergangenheit. Susanne LUTHER formuliert (bezugnehmend auf KREUZER):

„Authentizität kann nicht erreicht werden, da es sich immer um Konstruktion handelt, also um den subjektiven Ausdruck der Wirklichkeitswahrnehmung: ‚Authentizität in den Künsten ist demnach weniger durch den Versuch eines ‚getreuen Abbildens' des ‚Wirklichen' geprägt, sondern vielmehr durch künstlerisch-erfinderische Strategien, die im Zeichen einer authentischen Annäherung an die

---

neutestamentliche Wundererzählungen wird deutlich, dass die Texte aufgrund des Redemodus als ‚Wirklichkeitserzählungen' gelesen werden möchten." LUTHER, Susanne, *Authentizität oder Authentifizierung? Die literarische Darstellung des Wunderhaften in neutestamentlichen Wundererzählungen*, in: Stefanie Kreuzer, Uwe Durst (Hgg.), Das Wunderbare. Dimensionen eines Phänomens in Kunst und Kultur, Paderborn: Wilhelm Fink 2018 (Traum – Wissen – Erzählen, Bd. 3), S. 269.

[15] So formuliert ZIMMERMANN in seiner Hinführung: „Im vorliegenden Band geht es um die Wunder Jesu, genauer um die *Erzählungen*, die von seinen Wundern berichten. Diese Textgebundenheit schränkt den Blick auf das Wunderphänomen und dessen Wunderdiskurs von vornherein ein. [...] Diese literarische Schwerpunktsetzung weicht nicht den Fragen der Historizität, der Vernunft oder der Verstehenspraxis aus. Sie stellt sie aber immer vom Text aus mit klarem Textbezug. Das bringt wesentliche Akzentverschiebungen mit sich: Entsprechend geht es in historischer Hinsicht nicht um die allgemeine Frage, ob Jesus Wunder getan hat, sondern um die Frage, wie in Texten historische Referenzialität, also Vergangenheitsbezug, erzeugt wird." Ebd. S. 6.

Ähnlich bei LUTHER: „Doch die Authentizität der in Wunderberichten dargelegten Ereignisse zu belegen, ist sowohl für die Antike als auch für die Gegenwart methodisch unmöglich. Allerdings besteht durchaus die Möglichkeit, den Anspruch von Texten auf historische Referenzialität festzustellen, der sich beispielsweise im faktualen Redemodus oder durch literarische Strategien der Authentifizierung zeigt." LUTHER, *Authentizität oder Authentifizierung?*, S. 266.

[16] Insofern ist ZIMMERMANN zuzustimmen, der formuliert: „Es ist bemerkenswert, dass hier [im Bereich der Wunderthematik, JT] nach einer Faktengeschichte gesucht wurde, die jenseits geschichtstheoretischer Debatten von der positivistischen Sicht der Wunderereignisse als historischen Tatsachen ausging." ZIMMERMANN, *Wundern über ‚des Glaubens liebstes Kind'*, S. 121.

Erfahrungswirklichkeit stehen[,]' das heißt, es geht um ,künstlerische Strategien zur Herstellung oder Inszenierung von Authentizität'."[17]

In Bezug auf die Wunderthematik heißt das konkret: Über Wundererzählungen ist es schlicht unmöglich an das Wunder als solches heranzukommen[18] (ähnlich schon bei LESSING), daher machen in meinen Augen beispielsweise die Versuche die (vermeintlichen) Wunder naturwissenschaftlich zu erklären keinen Sinn. Ich persönlich kann für mich auch noch einen Schritt weitergehen: Es ist für mich (und auch meinen Glauben) nicht wichtig, ob Jesus (oder auch die Apostel) die geschilderten Wunder im Einzelnen vollbracht haben (ähnlich wie die Frage, ob es die historische Person Mose gab). Daher kann ich der Herangehensweise des Kompendiums, die Wundererzählungen als Erzählungen wahrzunehmen, sehr viel abgewinnen. Das ist der grundsätzliche Boden, auf dem sich meine Gedanken bewegen.

Das Problem kommt für mich an einer Stelle auf, die üblicherweise gar nicht in Texten zur Wunderthematik behandelt wird: Dem *Wunder der Menschwerdung*. Auch wenn ich weiß, dass es sich an dieser Stelle methodisch genauso verhält wie bei den anderen Wundererzählungen und über die Texte bzw. Erzählungen folglich nicht an die historische Wirklichkeit heranzukommen ist, so möchte ich einerseits persönlich Für-Wahr-halten – halte es darüber hinaus aber auch für die christliche Theologie für einen zentralen Punkt. So ist es einerseits unmöglich an die historische Wirklichkeit heranzukommen[19] (und in Bezug auf die historische Person Mose beispielsweise habe ich damit auch keine Probleme). Andererseits ist die geschichtliche Wirklichkeit Jesu (Christi) für die christliche Theologie in meinen Augen zentral – auch wenn sie (wie geschildert) nicht voll eingeholt werden kann[20]. In diesem Spannungsfeld beschäftige ich mich in dieser Arbeit mit dem Johannesprolog.

[17] LUTHER, *Authentizität oder Authentifizierung?*, S. 271.

[18] KERTELGE formuliert: „Die formgeschichtlichen Untersuchungen haben vor allem dazu geholfen, deutlich zwischen Wunder*geschehen* und Wunder*geschichten* zu unterscheiden. [...] Es entspricht dem besonderen literarischen Charakter der Evangelien und der katechetisch-kerygmatischen Prägung der ihnen vorausgehenden Einzeltraditionen, daß [sic.] von den Erzählungen über die Wunder Jesu nicht unmittelbar auf die ,ipsissima facta Jesu' zurückgeschlossen werden kann." KERTELGE, Karl, *Die Wunder Jesu in der neueren Exegese*, in: ThJb(L) (1981), S. 68 und 75 (Kursivierung im Original).

[19] Zur historischen Wirklichkeit der Wunder siehe auch KÜNG, *Jesus*, S. 121.

[20] Wichtig war dabei für BULTMANN „nicht, *was* Jesus gesagt und getan hat, sondern *dass* er [Jesus, JT] gekommen ist, gelitten hat, gestorben ist und von Gott auferweckt wurde." An dieses „dass" ist es jedoch

2.2. Antike Historiographie

„Wer hier weiter kommen will, muss die Faktoren berücksichtigen, die das damalige Verständnis von Wirklichkeit geprägt haben.“[21]

„Zwischen Historikern und Poeten der Antike lassen sich meist keine harten Trennungslinien ziehen.“[22]

Im vorherigen Abschnitt wurde das Wirklichkeitsverständnis thematisiert – in diesem Kapitel möchte ich mit der Frage beginnen: *„τί ἐστιν ἀλήθεια;“*[23] – in etwa: „Was ist Wahrheit?“. Das, was Einzelne unter diesem Begriff verstehen, unterscheidet sich: Es unterscheidet sich aufgrund der Zugehörigkeit zu verschiedenen Kulturen, einem anderen Zeitkontext, aber auch individuell.

> „Folgt man der von Ansgar Nünning proklamierten Vorstellung von Erzählen als kultureller Praxis, dann funktioniert Erzählen in unterschiedlichen Zeiten und Kulturen nicht nur unterschiedlich, sondern bezieht sich auch jeweils auf unterschiedliche Realitätsvorstellungen, die ihrerseits zeitabhängig sind.“[24]

Ich versuche dies am Beispiel der Begrifflichkeit(en) zu verdeutlichen: Das griechische Wort ἀλήθεια [aletheia] wird im Deutschen meist mit „Wahrheit“ wiedergegeben. Mit Blick auf das griechische Wort fällt auf, dass dort ἀ – λήθεια [a – letheia] steht. Dieses Anfangsalpha wird als α-privativum bezeichnet. Damit gemeint ist eine

---

ebenfalls unmöglich über die Texte heranzukommen. Ich persönlich halte überdies, im Anschluss an KÄSEMANN, eine Beschäftigung mit dem ‚Was‘ für notwendig, u.a. da „bei einer zu scharfen Trennung zwischen dem historischen Jesus und dem Christus des Glaubens die Gefahr des Doketismus [droht], der Auflösung des Christusereignisses in einen Mythos“. Beide Zitate: STROTMANN, Angelika, *Der historische Jesus: eine Einführung*, Paderborn: Ferdinand Schönigh 2012, S. 29 (Kursivierung im Original).
Im Unterschied zu KÄSEMANN kann man jedoch mit Blick auf die in der jüngeren Forschung zahlreichen Titel zur Wunderthematik feststellen, dass die Wunderdebatte innerhalb der universitären Theologie keineswegs abgeschlossen ist. Vgl. KOLLMANN, Bernd, *Von der Rehabilitierung mythischen Denkens und der Wiederentdeckung Jesu als Wundertäter. Meilensteine der Wunderdebatte von der Aufklärung bis zur Gegenwart*, in: ders. und Ruben Zimmermann (Hgg.), Hermeneutik der frühchristlichen Wundererzählungen. Geschichtliche, literarische und rezeptionsorientierte Perspektiven, Tübingen: Mohr Siebeck 2014 (Wissenschaftliche Untersuchung zum Neuen Testament, Bd. 339), S. 3; Vgl. ALKIER, Stefan, *Die Wunderdiskussion und die notwendige Problematisierung des Wirklichkeitsbegriffs*, in: ders. und Ioan Dumitru Popoiu (Hgg.), Wunder in evangelischer und orthodoxer Perspektive, Leipzig: Evangelische Verlagsanstalt 2015 (Kleinere Schriften, Bd. 6), S. 31.

[21] SCHADE, Hans-Heinrich, *Jesus von Nazareth. Was die Quellen wirklich sagen*, Berlin: Pro Business 2010, S. 102.

[22] ZIMMERMANN, *Verschlungenheit und Verschiedenheit von Text und Geschichte*, S. 12.

[23] [ti estin aletheia] Joh 18,38 (NTG).

[24] ZIMMERMANN, *Verschlungenheit und Verschiedenheit von Text und Geschichte*, S. 23.

Bedeutungsumkehrung – vergleichbar dem Deutsch Präfix „Un-". λήθεια [letheia] wiederum kommt vom Verb λανθάνω [lanthano] (bin verborgen). Jedoch ist es keine aktive Form, sondern steht im Partizip Perfekt Passiv. Das Perfekt ist im Griechischen kein Vergangenheitstempus, sondern bezeichnet eine Handlung, die in der Vergangenheit stattgefunden hat und ein für die Gegenwart relevantes Ergebnis hat (ein Resultat). ἀλήθεια [aletheia] wäre der Form nach also in etwa als „das Unverborgene" zu übersetzen. Im Deutschen verstehen wir Wahrheit anders: Nicht „das Unverborgene", sondern „das Richtige" bzw. „das Un-Falsche" verstehen wir unter diesem Begriff[25].

Dies gilt meinem Verständnis nach nicht nur im Bereich der Etymologie – auch die Wirklichkeitsverständnisse sind kulturell geprägt. Über die jüngere geschichtswissenschaftliche Forschung formuliert JORDAN: „Im Kern geht es den Vertretern der unterschiedlichen Turns immer um einen prekär gewordenen Wirklichkeitsbegriff"[26]. Die antike Geschichtsschreibung ist jedoch unter einer anderen Perspektive zu betrachten:

> „So sehr Verfechter der sogenannten kritisch-pragmatischen Geschichtsschreibung, vornehmlich Polybios und Plutarch, gegen das Erzählen von ‚krassen', ‚unmöglichen' Wundertaten bei anderen Geschichtsschreibern polemisierten, so sehr bestätigten sie doch gerade mit ihrer Kritik, dass das Erzählen von Wundertaten genuiner Bestandteil eines Großteils der antiken Historiker war."[27]

Anders ausgedrückt: Sind die Wundererzählungen – liest man sie als historiographische Texte – heute schwer in Einklang zu bringen mit derzeitigen Realitätsvorstellungen (der sogenannten „westlichen Welt"), wiesen sie in der antiken

---

[25] Dieser Punkt ist in meinen Augen auch interessant für die Betrachtung der Ich-bin-Worte Jesu im Johannesevangelium. Wenn es über Jesus heißt, dass er die Wahrheit sei bedeutet dies dem griechischen Wort nach, dass er der Unverborgene ist, was eine interessante Perspektive in Bezug auf die Göttlichkeit Jesu darstellt.

[26] JORDAN, Stefan, *Der linguistic turn und seine Folgen für die Geschichtswissenschaft*, in: Christof Landemesser und Ruben Zimmermann (Hgg.), Text und Geschichte. Geschichtswissenschaftliche und literaturwissenschaftliche Beiträge zum Faktizitäts-Fiktionalitäts-Geflecht in antiken Texten, Leipzig: Evangelische Verlagsanstalt 2017, S. 55.

[27] ZIMMERMANN, *Verschlungenheit und Verschiedenheit von Text und Geschichte*, S. 33.
In Bezug auf den Verfasser der Apostelgeschichte vertritt PLÜMACHER in diesem Sinne die These, dass „ihn seine vom dramatischen Episodenstil geprägte Erzählweise sowie [...] seine Stellung zu Fiktion und Wunder als einen Geschichtsschreiber [erweist], der grosso modo der mimetischen (oder sensationalistischen) Observanz der griechisch-römischen Historiographie zuzurechnen ist." PLÜMACHER, Eckhard, *Τερατεία. Fiktion und Wunder in der hellenistisch-römischen Geschichtsschreibung und in der Apostelgeschichte*, in: ders. (Hg.), Geschichte und Geschichten, Tübingen: Mohr Siebeck 2004, S. 75.

Umwelt die Texte als historiographische Texte aus[28]. So formuliert STEINS: „Die moderne Bibelwissenschaft […] hat gezeigt, dass die Vorstellung von Wundern nicht auf die Bibel beschränkt ist und sich in den Nachbarkulturen zahlreiche Parallelen finden.“[29] Wunder galten „in der Antike als Erfahrungen wirksamer Mächte, die Schaden anrichten oder Gutes hervorbringen. Es handelt sich deshalb um Furcht erregende, weil menschliche Machttaten.“[30] Diese grundsätzliche Ähnlichkeit zu nichtchristlichen Gruppierungen in der Antike hat der religionsgeschichtliche Vergleich herausgearbeitet[31]. Während man in Sekundärtexten aus dem 20. Jahrhundert bisweilen die Meinung findet, dass die neutestamentlichen Wundererzählungen über Jesus sich von denen anderer Wundertäter abheben[32], formuliert ZIMMERMANN, dass „man angesichts der Fülle des Materials in Umfeldtexten des Neuen Testaments anerkennen [musste], dass seine [Jesu, JT] Wundertaten weder in Quantität noch in Qualität in irgendeiner Weise aus dem Rahmen fielen, und Jesus vielmehr als einer unter vielen anderen Wundertätern der

---

[28] KÜNG formuliert: „Nun waren allerdings die Menschen der Zeit Jesu und auch die Evangelisten gerade an dem nicht interessiert, woran der heutige Mensch, der Mensch des rationalen und technologischen Zeitalters so sehr interessiert ist: an den Naturgesetzen. Man dachte *nicht naturwissenschaftlich* und verstand auch die Wunder nicht als Durchbrechung von Naturgesetzen, nicht als eine Verletzung des lückenlosen Kausalzusammenhanges.“ KÜNG, *Jesus*, S. 116. (Kursivierung im Original)
PERNKOPF formuliert in Bezug auf die Perspektive Wunder als Durchbrechung der Naturgesetze zu verstehen: „Will man Wunder also verstehen als eine ‚Durchbrechung der Naturgesetze‘, womit ein solches Ereignis naturwissenschaftlich ‚nicht erklärbar‘ sei, trifft man Voraussetzungen, die weniger theologisch als szientistisch reduziert sind. Aus dem Fehlen einer Erklärung kann man nicht auf prinzipielle Unerklärbarkeit schließen. Gott gleichsam als Erklärung für Ereignisse einspringen zu lassen, deren Ursachen anders (noch) nicht erklärt werden können, funktionalisiert ihn zu einem Lückenbüßer.“ PERNKOPF, *Wunder wirken*, S. 244.
[29] STEINS, Georg, *Wunder, biblisch: eine „Beziehungstat“*, in: Bibel und Liturgie 84, 4 (2011), S. 247.
[30] ALKIER, *Die Wunderdiskussion*, S. 13.
Diesen Aspekt der Furcht macht auch ZIMMERMANN stark: „Was hier erzählt wird, soll nicht religionsgeschichtlich angepasst, rational plausibilisiert oder bildlich relativiert werden. Es soll Furcht und Schrecken auslösen, beim Lesenden selbst Irritationen und Fragen hervorrufen, wie es bei Markus sogar erzählerisch dargestellt wird. Es soll gerade Bekanntes, Rationales und Plausibles in Frage gestellt werden. Diese Verunsicherung und Furcht darf keineswegs heruntergespielt oder exegetisch gefügig gemacht werden.“ ZIMMERMANN, *Frühchristliche Wundererzählungen*, S. 15.
[31] Vgl. KERTELGE, *Die Wunder Jesu in der neueren Exegese*, S. 77–85; Vgl. KÖHNLEIN, Manfred, *Wunder Jesu – Protest- und Hoffnungsgeschichten*, Stuttgart: W. Kohlhammer 2010, S. 14; Vgl. ZIMMERMANN, *Wundern über ‚des Glaubens liebstes Kind‘*, S. 104f; Vgl. ZIMMERMANN, Ruben, *Von der Wut des Wunderverstehens. Grenzen und Chancen einer Hermeneutik der Wundererzählungen*, in: Bernd Kollmann und ders. (Hgg.), Hermeneutik der frühchristlichen Wundererzählungen. Geschichtliche, literarische und rezeptionsorientierte Perspektiven, Tübingen: Mohr Siebeck 2014 (Wissenschaftliche Untersuchungen zum Neuen Testament, Bd. 339), S. 31–34.
[32] Vgl. VERWEYEN, Hansjürgen, *Die historische Rückfrage nach den Wundern Jesu*, in: TTZ 90, 1 (1981), S. 50; Vgl. REISER, Marius, *Die Wunder Jesu – eine Peinlichkeit?*, in: EuA 73, 6 (1997), S. 431.

Antike erscheinen musste.“[33] Hinweisen möchte ich an dieser Stelle aber noch auf die Besonderheit der Evangelien: Die Evangelien-Literatur ist nicht als rein historiographischer Text zu lesen, sondern „bezieht in die Verschränkung von Vergangenheit und Gegenwart in programmatischer Weise die Zukunftserwartung mit ein“[34].

[33] ZIMMERMANN, *Wundern über ‚des Glaubens liebstes Kind‘*, S. 104.

[34] BECKER, Eva-Marie, *Historiographieforschung und Evangelienforschung. Zur Einführung in die Thematik*, in: dies. (Hg.), Die antike Historiographie und die Anfänge der christlichen Geschichtsschreibung, Berlin, New York: Walter de Gruyter 2005 (Beihefte für die Zeitschrift für die neutestamentliche Wissenschaft und die Kunde der älteren Kirche, Bd. 129), S. 7.
Anbei möchte ich außerdem auf eine anders akzentuierte Perspektive auf die Evangelien-Literatur hinweisen, formuliert von KÜNG: „Die Evangelisten wollen nicht in das berichtete Ereignis eindringen. Sie überhöhen es. Sie erklären nicht, sondern verklären. Nicht der Beschreibung, sondern der Be-wunderung sollen die Wundererzählungen dienen: so Großes hat Gott durch einen Menschen getan!“ KÜNG, *Jesus*, S. 117.

2.3. Wunder – verschiedene Verständnisweisen

„Bis in die Neuzeit hinein waren sie [die Wunder Jesu, JT] zusammen mit den erfüllten Prophezeiungen des Alten Testaments die Hauptpfeiler, auf die der Beweis für die Wahrheit des Christentums gestützt wurde.“[35]

„In der modernen Wunderdeutung lassen sich von Beginn der Neuzeit bis in die Gegenwart drei Argumentationsmuster erkennen“[36].

Zum Thema dieses Kapitels könnten Sammelbände gefüllt werden, dementsprechend ist eine auch nur annähernd umfassende Darstellung in dieser Arbeit nicht möglich. Dennoch möchte ich einen kurzen Überblick geben. Hierfür möchte ich vorab auf die (wie ich finde sehr gelungene) kompakte Darstellung zu Konzeptionen der Wunderhermeneutik von Bernd KOLLMANN verweisen[37]. Außerdem sei darauf hingewiesen, dass der Fließtext knapp die wesentlichen Informationen enthält und besonders in diesem Kapitel die Fußnoten weitere Ausführungen und Literaturhinweise bieten.

Bis zur Aufklärung galten die Wunder als tragende Säule der Beweiskraft für die Wahrheit des Christentums[38]. Dennoch sei angemerkt, dass die Wunderkritik vermutlich so alt sei, wie die Wunder[39], sich die Kritik durch das seit der Aufklärung bestimmende empirisch-rationale Weltbild aber zuspitzte[40] und sie seitdem daher

[35] REISER, *Die Wunder Jesu*, S. 426.

[36] ZIMMERMANN, *Frühchristliche Wundererzählungen*, S. 7.

[37] Vgl. KOLLMANN, Bernd, *Neutestamentliche Wundergeschichten. Biblisch-theologische Zugänge und Impulse für die Praxis*, Stuttgart: W. Kohlhammer ³2002, S. 180–182.

[38] Vgl. REISER, *Die Wunder Jesu*, S. 426; Vgl. BEUTEL, Albrecht, *Die Vernunft des Wunders in der Aufklärungstheologie*, in: Elisabeth Gräb-Schmidt und Reiner Preul (Hgg.), Wunder, Leipzig: Evangelische Verlagsanstalt 2016 (Marburger Theologische Studien, Bd. 125; Marburger Jahrbuch, Bd. 28), S. 59. Einen kurzen Überblick über die Wunderthematik vor der Aufklärung – insbesondere eingehend auf Augustinus und Thomas von Aquin – bietet EVERS, Dirk, *Was ist ein Wunder? Religionsphilosophische und systematisch-theologische Überlegungen aus evangelischer Sicht*, in: Klaus Fitschen und Hans Maier (Hgg.), Wunderverständnis im Wandel. Historisch-theologische Beiträge, Annweiler: Plöger 2006 (Edition Mooshausen, Bd. 5), S. 9–29 (insbesondere S. 9–13), ausführlicher bei BRON, Bernhard, *Das Wunder. Das theologische Wunderverständnis im Horizont des neuzeitlichen Natur- und Geschichtsbegriffs*, Göttingen: Vandenhoeck & Ruprecht 1975, S. 13–28.

[39] Wie z.B. bei der Kritik an der Raffgier derer, die Wunder verwalteten Vgl. SIGNORI, Gabriela, *Wunder. Eine historische Einführung*, Frankfurt a. M. und New York: Campus Verlag 2007 (Historische Einführungen, Bd. 2), S. 161.

[40] Vgl. PERNKOPF, *Wunder wirken*, S. 244; Vgl. LUTHER, *Authentizität oder Authentifizierung?*, S. 266.

verschärft als unwahrscheinlich oder unmöglich betrachtet wurden[41]. Als Antwort auf die sich zuspitzende Kritik machte ZIMMERMANN seitdem drei Varianten der Argumentation aus:

(1) Eine Deutung durch ‚historische Anpassung', (2) eine Deutung durch ‚rationalistische Erklärung' und (3) eine Deutung durch Übertragung des Bildhaften[42]. Unter (1) (historische Anpassung) versteht er die Wunder als „Ausdruck einer Anpassung an Weltbild, Literatur und Erwartung der Zeitgenossen im 1. Jh."[43] und fasst darunter die Akkomodationstheorie Johann Salomo Semlers[44], aber auch religionsgeschichtliche[45] und formgeschichtliche[46] Wunderdeutungen. Zu (2) (rationalistischen Erklärungen) formuliert ZIMMERMANN: „Vereinfacht gesagt ging und geht es bei diesem Ansatz darum, die in den Erzählungen genannten Ereignisse mit Naturgesetzen bzw. naturwissenschaftlichem Wissen in Einklang zu bringen"[47]. Unter (3) (Übertragung des Bildhaften) versteht er ein Verständnis der Wundererzählungen als bildhafte Erzählungen, „die auf etwas anderes hindeuten, als sie selbst. Sie spielen auf zwei Ebenen: Die vordergründige Handlung sei ‚nur' das äußere Trägermaterial einer grundlegenden (theologischen) Botschaft, die es letztlich zu erkennen gelte"[48], worunter Entmythologisierung und die existenzialistische

[41] Vgl. ZIMMERMANN, *Frühchristliche Wundererzählungen*, S. 7.
[42] Ebd. S. 7–12.
[43] Ebd. S. 7; Vgl. auch ZIMMERMANN, *Von der Wut des Wunderverstehens*, S. 31–34.
[44] Vgl. ZIMMERMANN, *Von der Wut des Wunderverstehens*, S. 33f; Vgl. ALKIER, *Die Wunderdiskussion*, S. 23f.
[45] Vgl. KERTELGE, *Die Wunder Jesu in der neueren Exegese*, S. 77–85; Vgl. KÖHNLEIN, *Protest- und Hoffnungsgeschichten*, S. 14; Vgl. ZIMMERMANN, *Von der Wut des Wunderverstehens*, S. 31–33.
[46] KERTELGE, *Die Wunder Jesu in der neueren Exegese*, S. 67–72; Vgl. KÖHNLEIN, *Protest- und Hoffnungsgeschichten*, S. 15; Vgl. ZIMMERMANN, *Wundern über ‚des Glaubens liebstes Kind'*, S. 107–109; Vgl. KLUMBIES, Paul-Gerhard, *Die Grenze form- und redaktionsgeschichtlicher Wunderexegese*, in: BZ 58, 1 (2014), S. 21–45; Vgl. ALKIER, *Die Wunderdiskussion*, S. 27–30.
Eine kurze Kritik zu formgeschichtlichen Ansätzen bei ALKIER: „Bei aller Präzisierung, Differenzierung und Kritik an der klassischen Formgeschichte bleibt die Reduktion der zu verhandelnden Wundertexte und der funktionale Ansatz, nach den Wundergeschichten als einer Weise des frühchristlichen Redens zu fragen, ohne den Zusammenhang von Sprache und Wirklichkeit offen zu thematisieren, für alle formgeschichtlichen Ansätze konstitutiv. ALKIER, *Die Wunderdiskussion*, S. 29.
[47] ZIMMERMANN, *Von der Wut des Wunderverstehens*, S. 29.
Siehe außerdem: Vgl. BERGER, Klaus, *Darf man an Wunder glauben?*, Gütersloh: Gütersloher Verlagshaus 1999, S. 29–32; Vgl. ZIMMERMANN, *Wundern über ‚des Glaubens liebstes Kind'*, S. 102f; Vgl. ZIMMERMANN, *Frühchristliche Wundererzählungen*, S. 9f; Vgl. ZIMMERMANN, *Von der Wut des Wunderverstehens*, S. 29–31; Vgl. ALKIER, *Die Wunderdiskussion*, S. 24.
[48] ZIMMERMANN, *Von der Wut des Wunderverstehens*, S. 34.

Wunderdeutung[49] zählen, aber auch die (tiefen-)psychologische bzw. psychosomatische Wunderdeutung[50].

Neben diesen drei großen Argumentationsvarianten möchte ich noch eine neue Perspektive benennen, die mit den vorherigen bricht – die sogenannte Disability-Perspektive[51].

Sieht man von den Disability Studies ab, so kann mit ALKIER als verbindendes Element zwischen den drei Varianten formuliert werden: „Gefordert wird: Einreihen statt Staunen. Normalisieren statt Wundern."[52] Dieses Potenzial sich zu wundern und die Texte nicht in irgendeiner Weise einzupassen wird in jüngerer Zeit von einigen Theolog*Innen eingefordert und ist die Perspektive, die auch im *Kompendium der frühchristlichen Wundererzählungen* zurecht stark gemacht wird[53].

Siehe außerdem: Vgl. ZIMMERMANN, *Frühchristliche Wundererzählungen*, S. 10–12; Vgl. ZIMMERMANN, *Von der Wut des Wunderverstehens*, S. 34f.

[49] ZIMMERMANN formuliert: Das „besondere Verdienst von BULTMANN lag nicht primär in der Entmythologisierung der Wunder, sondern vor allem in ihrer von HEIDEGGERS Philosophie inspirierten existentialen Interpretation." ZIMMERMANN, *Wundern über ‚des Glaubens liebstes Kind'*, S. 105.
Siehe außerdem: Vgl. ZIMMERMANN, *Wundern über ‚des Glaubens liebstes Kind'*, S. 105–107; Vgl. ALKIER, *Die Wunderdiskussion*, S. 24f.

[50] Vgl. KOLLMANN, *Neutestamentliche Wundergeschichten*, S. 159–165; Vgl. ALKIER, *Die Wunderdiskussion*, S. 35.

[51] „Sie nimmt Anstoß daran, dass in den biblischen Heilungsgeschichten der gesunde Körper zum Maßstab von Normalität erhoben wird und jede Abweichung davon mit Leiden gleichgesetzt wird. [...] Vor diesem Hintergrund will eine vom Disability-Diskurs geprägte Hermeneutik zu einer kritischen Auseinandersetzung provozieren und dazu anregen, eigene Exklusions- oder Normalitätsvorstellungen zu hinterfragen. Die ‚gestörte Lektüre' bezeichnet eine Wahrnehmung der neutestamentlichen Wundergeschichten, die auf die kritische Reflexion des eigenen Verständnisses, der eigenen Haltung und des eigenen Verhaltens im Angesicht von vermeintlicher Behinderung abzielt." KOLLMANN, *Von der Rehabilitierung mythischen*, S. 14f.
Siehe auch: Vgl. ALKIER, *Die Wunderdiskussion*, S. 36.

[52] ALKIER, *Die Wunderdiskussion*, S. 36.

[53] Vgl. STEINS, *Wunder, biblisch*, S. 248.Vgl. ZIMMERMANN, *Frühchristliche Wundererzählungen*, S. 12f.

2.4. Leiblichkeit in der christlichen Theologiegeschichte

„Lutterbach wies darauf hin, dass das Christentum immer schon zwischen Körperfeindlichkeit und Körperfreundlichkeit oszilliere.“[54]

„Wunder haben immer etwas mit der Leiblichkeit des Menschen zu tun.“[55] – so passt es ganz gut, dass das Kapitel zur Leiblichkeit auf das Kapitel zu Wunderverständnissen folgt. In diesem Kapitel möchte ich zunächst auf die Begrifflichkeit eingehen: Unter Leib (gr. σῶμα [Soma]) wird – im Gegensatz zum Begriff des Körpers für unbelebt Seiendes – die materielle Verfasstheit eines belebten Wesens verstanden[56].

In der griechischen Antike wurde der Begriff σῶμα „zum Komplementärbegriff von ‚Seele' bzw. ‚Geist'.“[57] Nach allgemeiner Forschungsansicht bildeten sich drei unterschiedliche Modelle der Verhältnisbestimmung der Leib-Seele-Problematik heraus: (1) Eine dualistische Sicht, die den Leib meist negativ bewertete, (2) eine ganzheitliche bzw. naturalistisch-funktionalistische Sicht, in der die Seele und der Leib aufeinander bezogen sind und (3) eine monistische Sicht, in der eines der Beiden zum umfassenden Prinzip erhoben wurde[58]. Ein Beispiel für das dualistische Modell stellt Platon dar[59]. Für ihn bilden die Ideen das eigentlich Seiende, zu dem die Menschen durch die Geistbegabung der Seele einen Zugang gewinnen können[60]. Die Seele gilt PLATON als präexistent und wird erst durch verursachte Schuld in den – entsprechend negativ bewerteten – Leib gebannt[61].

---

[54] Stefan ORTH, *Theologinnen und Theologen diskutieren über Körper, Leiblichkeit und Inkarnation. Angelpunkt des Heils*, in: Herder Korrespondenz 70, 11 (2016), S. 44.
[55] BERGER, *Darf man an Wunder glauben?*, S. 94.
[56] Vgl. THURNER, Martin, Art. „*Leib / Fleisch / Körper (katholisch)*“, in: Bertram Stubenrauch und Andrej Lorgus (Hgg.), Handwörterbuch zur theologischen Anthropologie. Römisch-katholisch / Russisch-orthodox. Eine Gegenüberstellung, Freiburg i.Br., Basel, Wien 2012, S. 397.
[57] Vgl. Ebd.
[58] Vgl. Ebd; Vgl. RUNGGALDIER, Edmund, Art. „*Leib u. Seele. II. Philosophisch-anthropologisch*“, in: Walter Kasper u.a. (Hgg.), LThK, Bd. 6, Freiburg i.Br. u.a.: Herder [3]1997, Sp. 774f; Vgl. KORSCH, Dietrich, Art. „*Leib und Seele. II. Religionsphilosophisch und theologiegeschichtlich*“, in: Hans Dieter Betz u.a. (Hgg.), RGG, Bd. 5, Tübingen: Mohr Siebeck [4]2002, Sp. 223f.
[59] Vgl. THURNER, *Leib / Fleisch / Körper*, S. 397.
[60] Vgl. Herbert VORGRIMLER, Art. „*Platonismus*“, in: ders. (Hg.), Neues Theologisches Wörterbuch, Freiburg i.Br., Basel, Wien 2000, S. 496.
[61] Vgl. Ebd. S. 497.

Der Neuplatonismus versteht Geist und Materie zwar nicht als Dualismus, aber in einer Hierarchie, in der die Ebene des Geistes eine höhere Stufe darstellt und die Ebene des Materiellen entsprechend eine niedere Stufe (mit einer Verbindung zum Geist – insofern stellt es eine Art Mischung zwischen dem ersten und zweiten Modell dar)[62]. Der Neuplatonismus prägte „vom 3. Jh. an die christliche Theologie zutiefst"[63], vor allem durch seinen Vertreter AUGUSTINUS[64]. „Gerade diese Theologie des zweiten bis sechsten Jahrhunderts n. Chr. hat das Christentum in Bezug auf das Verhältnis von Körper, Eros und Theologie entscheidend geprägt."[65] So korrespondierte ein „negatives Verhältnis zum Leib [...] [mit] einer mystisch-spirituellen Aufwertung der geistlichen Dimension."[66] Doch die Entgegensetzung von Leiblichem und Geistigem findet sich im Christentum nicht erst mit dem Neuplatonismus, sondern bereits bei PAULUS[67].

Trotz der bisher ausgeführten negativen christlichen Perspektive auf den Leib, weist LUTTERBACH darauf hin, „dass das Christentum immer schon zwischen

[62] Vgl. Herbert VORGRIMLER, Art. *„Neuplatonismus"*, in: ders. (Hg.), Neues Theologisches Wörterbuch, Freiburg i.Br., Basel, Wien 2000, S. 451f.

[63] Vgl. VORGRIMLER, *Platonismus*, S. 497.

[64] Vgl. VORGRIMLER, *Neuplatonismus*, S. 452.

[65] HEIMERL, Theresia, *Wer hat den Eros vergiftet? Historische Grundlegungen und postmoderne Fragen zum Spannungsfeld Eros, Körper und Theologie*, in: Stefan Orth (Hg.), Eros – Körper – Christentum. Provokationen für den Glauben?, Freiburg i.Br., Basel, Wien: Herder 2009, S. 26.
WILKE formuliert: „Wirkungsgesch. setzte sich jedoch weniger der Gedanke psychosomatischer Ganzheit durch als vielmehr die dualistische, ja antagonistische Trennung von ‚vergänglichem L.' und ‚unsterblicher S.' sowie von Körper und Geist. V.a. die Platorezeption [...] und die christl. Sittenlehre haben dazu beigetragen. Dabei konnte die Dichotomie bis zur Leibfeindlichkeit (L. – fleischliches Verlangen – Sünde) gehen." Vgl. WILKE, Anette, Art. *„Leib und Seele. I. Religionswissenschaftlich"*, in: Hans Dieter Betz u.a. (Hgg.), RGG, Bd. 5, Tübingen: Mohr Siebeck ^{4}2002, Sp. 222.

[66] Vgl. LEPPIN, Volker, *Madensack und Tempel des Heiligen Geistes. Leiblichkeit bei Martin Luther*, in: Bernd Janowski, Christoph Schwöbel (Hgg.), Dimensionen der Leiblichkeit. Theologische Zugänge, Neukirchen-Vluyn 2015 (Theologie Interdisziplinär, Bd. 16), S. 89.

[67] Vgl. Ebd., S. 88f. LEPPIN verweist dabei in seinen Ausführungen über die Rolle des Fleisches als Sitz allen Übels auf die Bibelstelle Röm 7,18.
Allerdings ist das Themenfeld der Körperlichkeit in der Paulusforschung umstritten – so formuliert HEIMERL: „Umstritten ist in der Forschung bis heute, wie das Corpus Paulinum bezüglich Eros und Körperlichkeit zu bewerten ist." HEIMERL, *Wer hat den Eros vergiftet*, S. 24. Zu Paulus siehe daher auch: DAUTZENBERG, Gerhard, Art. *„Leib, Leiblichkeit. II. Biblisch-theologisch"*, in: Walter Kasper u.a. (Hgg.), LThK, Bd. 6, Freiburg i.Br. u.a.: Herder ^{3}1997, Sp. 765f; JEWETT, Robert, Art. *„Leib/Leiblichkeit. I. Biblisch"*, in: Hans Dieter Betz u.a. (Hgg.), RGG, Tübingen: Mohr Siebeck ^{4}2002, Sp. 216f; Vgl. SIEGERT, Folker, *Von der Sterblichkeit der Seele zur Leiblichkeit der Auferstehung. Neutestamentlicher Einspruch gegen den kirchlichen Platonismus*, in: Uwe Sawrat und Thomas Söding (Hgg.), Gemeinsame Hoffnung über den Tod hinaus. Eschatologie im ökumenischen Gespräch, Freiburg i.Br., Basel, Wien: Herder 2013 (Quaestiones Disputate, Bd. 257), S. 52, 59 und 63–70.

Körperfeindlichkeit und Körperfreundlichkeit oszilliere."[68] Die positive Bedeutung gewinnt der Körper im christlichen Kontext vor allem durch den Glauben an die Inkarnation[69]. ESSEN spricht gar davon, dass der „theologische Topos der Inkarnation [...] dem menschlichen Fleisch eine ‚vorher nie dagewesene Dignität' verliehen [habe]"[70]. Dies ist für mich in diesem Kapitel die zentrale Stelle: *Durch Gottes Menschwerdung (für die der Johannesprolog ein Versuch ist, dies in Worte zu fassen) gewinnt der menschliche Körper eine hohe Stellung, die in der Theologiegeschichte auch bedacht wurde – lange Zeit aber hinter dem nicht-biblischen, sondern neuplatonischen Gedankengut nicht recht zur Geltung kam.* Denn anders als die leibfeindlichen Tendenzen im christlichen Umfeld der ersten Jahrhunderte[71], haben biblische Texte (meist) einen positiven Zugang zum Leib[72]. An dieses jüdische Erbe versuche die heutige Theologie anzuschließen[73]. Aufgrund der besonderen Stellung, die die Leiblichkeit in der Bibel und besonders auch im Johannesprolog einnimmt, habe ich diesem Bereich ein eigenes Kapitel in der Arbeit gegeben.

Am Ende des Kapitels möchte ich noch auf eine Perspektive hinweisen, die sich nicht im theologischen Raum entwickelt hat, die bei der Thematisierung von Leiblichkeit und Körperlichkeit (insbesondere in der Verhältnisbestimmung von Leib und Seele) in

---

[68] ORTH, *Angelpunkt des Heils*, S. 44.

[69] Vgl. Ebd; Vgl. RINGLEBEN, Joachim, Art. „Leib/Leiblichkeit. II. Dogmatisch", in: Hans Dieter Betz u.a. (Hgg.), RGG, Bd. 5, Tübingen: Mohr Siebeck [4]2002, Sp. 219; Vgl. ORTH, Stefan, *Zur Einführung*, in: ders. (Hg.), Eros – Körper – Christentum. Provokationen für den Glauben?, Freiburg i.Br., Basel, Wien: Herder 2009, S. 15; Vgl. WENDEL, Saskia, *Die Fetischisierung des „schönen' Körpers. Kritische Bemerkungen*, in: Stefan Orth (Hg.), Eros – Körper – Christentum. Provokationen für den Glauben?, Freiburg i.Br., Basel, Wien: Herder 2009, S. 123; Vgl. STRIET, Magnus, *Moderne Körperlust. Ein theologischer Versuch zu bizarren Phänomenen*, in: Stefan Orth (Hg.), Eros – Körper – Christentum. Provokationen für den Glauben?, Freiburg i.Br., Basel, Wien: Herder 2009, S. 139; Vgl. RASCHE, Michael, *Der Johannesprolog – Sprachlichkeit der Inkarnation und Inkarnation der Sprachlichkeit*, in: Jean-Luc Marion und Walter Schweidler (Hgg.), Christentum und Philosophie. Einheit im Übergang, Freiburg, München: Verlag Karl Alber 2014 (Eichstätter philosophische Beiträge, Bd. 2), S. 258f.

[70] ORTH, *Angelpunkt des Heils*, S. 44.

[71] Vgl. ORTH, *Angelpunkt des Heils*, S. 46; Vgl. RASCHE, *Der Johannesprolog*, S. 258.

[72] Vgl. SIEGERT, *Von der Sterblichkeit der Seele zur Leiblichkeit der Auferstehung*, S. 50–70; Vgl. NEGEL, Joachim, *Und das Fleisch ist Wort geworden ... Liturgie und Leiblichkeit in phänomenologischer Perspektive*, in: Ingolf U. Dalferth und Simon Peng-Keller (Hgg.), Beten als verleiblichtes Verstehen. Zugänge zu einer Hermeneutik des Gebets, Freiburg i.Br., Basel, Wien: Herder, 2016, S. 138f und 141f.

[73] Vgl. WILKE, *Leib und Seele*, Sp. 222.

meinen Augen aber mitgedacht werden sollte. Ähnlich wie im Feld der Geschichte, sollte auch im Themenfeld der Körperlichkeit die Konstruktivität bedacht werden[74].

Ein letzter Nachsatz in diesem Kapitel: Bei aller Suche nach Klarheit, Eindeutigkeit und Stringenz kann diese auch in der Frage nach Leib und Seele des Menschen nicht (endgültig) gefunden werden: „Die Einheit des Menschen bleibt also ein Rätsel."[75]

---

[74] So vertritt Judith BUTLER die These, dass der Körper als kultureller Text produziert wird. ANGERER formuliert: „Von Freud über Foucault bis zur feministischen Theorie sei der Körper als Gegebenheit *prima facie*, die keine Genealogie aufweise, verstanden worden. Sowohl die Unterscheidung von Körper und Geist als auch die Dichotomie von Natur und Kultur setzen den Körper stillschweigend und selbstverständlich voraus – als Einschreibefläche und stumme Faktizität (Sartre und de Beauvoir), der Geist und Kultur im wörtlichen Sinne zu Leibe rücken. Butler unternimmt nun den Versuch, diese Vorausgesetztheit des Körpers zu dekonstruieren und aufzuzeigen, dass die körperliche Morphologie nie einfach nur gegeben ist, sondern im Moment ihres Gegebenseins immer schon die Schrift der jeweiligen Kultur aufweist, sodass es ohne diesen überhaupt keinen lesbaren, intelligiblen Körper geben kann." ANGERER, Marie-Luise, *Gender und Performance – Ist weibliche Identität ein Konstrukt?*, in: Emmanuel Alloa u.a. (Hgg.), Leiblichkeit. Geschichte und Aktualität eines Konzepts, Tübingen: Mohr Siebeck 2012, S. 342.

[75] HAEFFNER, Gerd, Art. „*Leib, Leiblichkeit. I. Philosophisch*", in: Walter Kasper u.a. (Hgg.), LThK, Bd. 6, Freiburg i.Br. u.a.: Herder [3]1997, Sp. 763.

2.5. Der Johannesprolog – kurze Vorbemerkungen

„Ἐν ἀρχῇ ἦν ὁ λόγος, καὶ ὁ λόγος ἦν πρὸς τὸν θεόν, καὶ θεὸς ἦν ὁ λόγος. οὗτος ἦν ἐν ἀρχῇ πρὸς τὸν θεόν.“[76]

„Im Anfang war das Wort, und das Wort war bei Gott, und das Wort war Gott. Dieses war im Anfang bei Gott“[77]. Mit diesen beiden Versen beginnt der insgesamt 18 Verse umfassende Prolog des Johannesevangeliums. Linguistisch betrachtet eine doppelte nominale Verkettung in Vers 1, die u.a. durch mehrfache Wiederholungen eine rhythmische Struktur hervorbringt[78] und wohl auf einem Christushymnus fußt[79] . „Schon der formale Befund, dass dem Prolog ‚ein Stück … kultisch-liturgischer Dichtung‘ zugrunde liegt, ein Hymnus, ‚ursprünglich von der versammelten Kirche gesungen, die sich zum Logos bekennt‘, ist für Heinrich Schlier bedeutsam.“[80] Diesem Urteil kann ich mich nur anschließen: Die Form, in der in diesem Text eine Wahrheit ausgedrückt wird[81], halte ich für sehr beachtenswert. Bevor ich mich im Folgenden Kapitel dieser Form wieder zuwende, möchte ich nun eine kompakte Darstellung zum Johannesprolog zitieren:

„Bibl. Ausgangspunkt der L.C. [Logos-Christologie, JT] ist vor allem der Joh-Prolog, der die wohl tiefste bibl. Aussage über die Menschwerdung Gottes enthält […]. Joh 1,1.14 spricht von der Präexistenz, Göttlichkeit und Fleischwerdung des Logos. Der präexistente Logos, der gleichursprünglich mit Gott, dem Vater, ist und immer schon in dessen Gemeinschaft war, wird mit Jesus Christus identifiziert (Joh 1,17). Keine andere Bibelstelle hat eine solche Wirkung in der christol. Lehrbildung ausgeübt wie der Joh-Prolog.“[82]

---

[76] Joh 1,1f (NTG NA 28).
[77] Übersetzung zu Joh 1,1f (Elberfelder Bibel).
[78] Vgl. THEOBALD, Michael, *Im Anfang war das Wort. Textlinguistische Studie zum Johannesprolog*, Stuttgart: Verlag Katholisches Bibelwerk GmbH 1983 (Stuttgarter Bibelstudien, Bd. 106), S. 13–18.
[79] Vgl. THEOBALD, Michael, *Im Anfang – das Wort. Zum Johannesprolog*, in: Christoph Gellner und Georg Langenhorst (Hgg.), Herzstücke. Texte, die das Leben ändern (FS Karl-Josef Kuschel), Düsseldorf: Patmos 2008, S. 30; An anderer Stelle formuliert THEOBALD: „Die Bestimmung seiner *Textsorte* als Hymnus oder Lied (in der formgeschichtlichen Auslegung) wird seiner pragmatischen Funktion nicht gerecht.“ THEOBALD, Michael, *Die Fleischwerdung des Logos. Studien zum Verhältnis des Johannesprologs zum Corpus des Evangeliums und zu 1 Joh*, Münster: Aschendorff 1988, S. 490 (Kursivierung im Original). Hier erhebe ich Einspruch: Bei aller berechtigter Kritik aus pragmatischer Perspektive, so halte ich die Form in der dies geschieht (die sich für mich als Hymnus darstellt – v.a. aufgrund des sprachlich erzeugten Rhythmus) für sehr entscheidend und nachdenkenswert.
[80] THEOBALD, *Im Anfang – das Wort*, S. 31.
[81] Vgl. RASCHE, *Der Johannesprolog*, S. 257.
[82] HOPING, Helmut, Art. *„Logos-Christologie“*, in: Wolfgang Beinert und Bertram Stubenrauch u.a. (Hgg.), Neues Lexikon der katholischen Dogmatik, Freiburg i.Br., Basel, Wien: Herder 2012, S. 446.

Doch nicht nur in der theologischen Lehrbildung, auch auf einen Dichter wie Goethe hat dieser Text offenbar einen besonderen Reiz ausgeübt, sodass er ihn in seinem *Faust* literarisch verarbeitet hat (was möglicherweise nicht nur auf eine bedeutsame inhaltliche, sondern auch eine bedeutsame und besondere sprachliche Form schließen lässt).

3. Das Wunder der Menschwerdung – Der Johannesprolog

„Der erste Eindruck lehrt, daß [sic.] [Joh, JT] 1^{1-18} eine Einheit bildet und dem Evangelium als eine Art Einführung vorangestellt ist. Eine merkwürdige Einführung freilich!“[83]

Zunächst kurz zu meinem Vorhaben in diesem Kapitel: Mein Ziel ist nicht die Erfüllung bzw. Darstellung einer exegetischen Methode zum Johannesprolog. Auch wenn die strukturellen Vorgaben der einzelnen exegetischen Methoden Hilfen anbieten, an denen sich orientiert oder auch abgearbeitet werden kann – so entspräche ein Abarbeiten an einer der Methoden nicht dem, was ich zu Beginn der Arbeit als Problemhorizont aufzureißen versucht habe. Vielmehr versuche ich ein Angebot zum Umgang mit dem Johannesprolog zu machen, das gedanklich noch am Anfang steht.

Im vorherigen Kapitel habe ich bereits darauf aufmerksam gemacht, dass ich die Form, in der der Prolog verfasst ist, für sehr wichtig halte. Im Johannesevangelium, besonders im Prolog, lasse sich hier ein Unterschied zu den synoptischen Evangelien ausmachen[84]. In vielen Sekundärtexten finden sich auch Aussagen zur sprachlichen Form[85] – ich habe allerdings den Eindruck, dass die Besonderheit dieser Form in der Exegese meist nur benannt, aber nicht reflektiert wird in Bezug auf die Theologie, die dieser Text ausbreitet. Mein Vorschlag im Umgang mit dem Johannesprolog lautet, dass die hymnische Form Teil der dargelegten Theologie ist[86]! „Und das Wort wurde

---

[83] BULTMANN, Rudolf, *Das Evangelium des Johannes*, Göttingen: Vandenhoeck & Ruprecht [13]1953, S. 1.

[84] Vgl. BEUTLER, Johannes, Art. *„Johanneisches Schrifttum. I. Johannesevangelium“*, in: Walter Kasper u.a. (Hgg.), LThK, Bd. 5, Freiburg i.Br. u.a.: Herder 1996, Sp. 863.

[85] Vgl. BECKER, Jürgen, *Das Evangelium nach Johannes. Kapitel 1–10*, Gütersloh: Gütersloher Verlagshaus Gerd Mohn 1979 (Ökumenischer Taschenbuchkommentar zu Neuen Testament, Bd. 4/1), S. 67; Vgl. HOFRICHTER, Peter, *Im Anfang war der ‚Johannesprolog‘. Das urchristliche Logosbekenntnis – die Basis neutestamentlicher und gnostischer Theologie*, Regensburg: Verlag Friedrich Pustet 1986 (Biblische Untersuchungen, Bd. 17), S. 39–41; Vgl. WILCKENS, Ulrich, *Das Evangelium nach Johannes*, Göttingen: Vandenhoeck & Ruprecht [17]1998 (Das Neue Testament Deutsch, Teilband 4), S. 20f und 26; Vgl. FELDMEIER, Reinhard und SPIECKERMANN, Hermann, *Menschwerdung*, Tübingen: Mohr Siebeck 2018 (Topoi Biblischer Theologie, Bd. 2), S. 283f.

[86] Ein Problem meiner Darstellung ist, dass ich mich in dieser Arbeit daher sehr auf den Johannesprolog fokussiere und seiner Einbettung in das Evangelium des Johannes zu wenig Beachtung schenke. Ich denke, dass hier sogar noch weiteres Potenzial wäre (z.B. in Bezug auf die Ich-bin-Worte des Johannesevangeliums – die Darlegung dieser Theologie funktioniert denke ich auch nur in der Form ihrer Bildlichkeit und Metaphorik), was ich in dieser Arbeit aber nicht mehr leisten konnte.

Fleisch und wohnte unter uns“[87]. Dieses sich überkreuzende Übertragungsgeschehen von Göttlichem ins Menschliche und Menschlichem ins Göttliche sei ein metaphorisches Geschehen, so NEGEL[88]. Unter Metapher versteht er eine „Übergänglichkeit von Welt in Sprache [...] und Sprache in Welt [...][.] [M]etaphorische, das heißt weltverwandelnde Kraft“[89]. Doch auch an anderen Stellen lässt sich in meinen Augen wunderbar an NEGEL anknüpfen:

> „Die liturgischen Symbole setzen den Menschen in seiner Sehnsucht nach letzter Einheit zwar auf die Spur; angesichts der Unauslotbarkeit der Wirklichkeit zerbrechen sie gleichwohl immer wieder, ‚weil Endliches Unendliches nicht abbilden kann.‘ Hans Blumenberg hat hierfür den Begriff der ‚Sprengmetaphorik‘ eingeführt. Das Zerbrechen unserer Bilder angesichts der Unauslotbarkeit von Ich und Welt, Geist und Kosmos, Mensch und Gott, führt in Sprachlosigkeit und Schweigen vor dem letzten Geheimnis. Gebet und Liturgie münden darin.‘“[90]

In gewisser Weise verstehe ich auch den Johannesprolog als einen Versuch dieser liturgischen Antwort. Mit philosophischer Sprache, entlehnt aus dem Hellenismus, versucht der Autor des Prologs die Unbegreiflichkeit der leiblichen Menschwerdung Gottes in Worte zu fassen. Gott wird nicht mehr nur verstanden als jenseits der Welt (transzendent)[91], sondern wird als Teil in unserer Welt, sogar als Mensch (in der Immanenz) wahrgenommen.

> Joh 1,14 „‚hat etwas Unausdenkbares, weil e[s] zwei ‚Welten‘ zusammenspricht, die für absolut unvereinbar galten: die Dimension des ewigen Gottes (1,1) und die geschöpfliche Welt von Zeit und Geschichte, von ewigem Leben und sterblichen Menschenwesen, von göttlichem Logos und den Niederungen des Fleisches‘. Dabei denkt der Prolog sie nicht abstrakt zusammen, sondern in der Person des ‚Fleischgewordenen‘.“[92]

Diese Provokation des Textes, genau dies zu tun und die Welten auf diese Weise miteinander zu verbinden, sollte meiner Ansicht nach wieder stärker herausgestellt werden als Provokation[93]. Hinzu kommt, dass auch über die Sprache nicht alles

[87] Joh 1, 14 (Elberfelder Bibel).
[88] Vgl. NEGEL, *Und das Fleisch ist Wort geworden*, S. 166.
[89] Ebd. Über dieses Verständnis von Metapher ließe sich möglicherweise eine Brücke bauen vom Prolog zu den Ich-bin-Worten.
[90] NEGEL, *Und das Fleisch ist Wort geworden*, S. 169.
[91] Vgl. FELDMEIER und SPIECKERMANN, *Menschwerdung*, S. 290.
[92] Ebd. S. 289.
[93] RASCHE formuliert: „Die Lehre der Inkarnation musste aus dieser Perspektive als verachtenswerte Phantasterei abgelehnt werden. Entsprechend scharf waren die Angriffe der Philosophen auf die Christen.“ RASCHE, *Der Johannesprolog*, S. 259; Auch THEOBALD veranschaulicht die Provokation dieses Textes (im Spannungsfeld der Leiblichkeit): „Auf seine ersten fünf Verse hätten diese mit Hochachtung geblickt – man sollte sie in goldenen Lettern in allen Kirchen an der sichtbarsten Stelle anbringen, hätte einmal ein

einholbar ist[94]. Doch selbst wenn etwas versucht wird über Sprache einzuholen – Spracherwerb „stellt nicht nur einen Welt- und Selbstgewinn dar; die Sprache verfremdet auch die Welt, schafft Abstand zwischen ihr und dem Menschen."[95] So sollte der Zugang über Sprache und die Konstruktivität unserer Wirklichkeitserfahrung und Wirklichkeitskonstruktion bewusst kritisch reflektiert werden. Schließlich verarbeiten Menschen ihre Weltwahrnehmung über die Sprache[96] und sind auch bei einer Interpretation des Prologs angewiesen „auf eine Analyse der Sprache sowie der historischen und kulturellen Begebenheiten"[97]. Doch nicht nur die Verarbeitung unserer Weltwahrnehmung läuft über Sprache – Sprache gilt auch als das wesentliche Medium der Offenbarung Gottes (bezogen zunächst auf die jüdische, später aber auch die christliche und islamische Tradition)[98].

Zum bewusst kritisch reflektierten Umgang gehört auch das Offenlegen des eigenen Zugangs. So formuliert NEGEL ganz offen, dass die Frage nach der ‚Ganzheitlichkeit' des Menschen „nur der Glaube [be-]antworten [kann]"[99]. – Nun zu meinem Zugang: Der Johannesprolog kann auch aus einem philosophischen Zugang gelesen werden[100]. Ich lese ihn aber aus einer Perspektive des Glaubens heraus: Als einen Versuch die göttliche (leibliche) Menschwerdung in Sprache zu übersetzen, die zugleich nicht voll

---

platonischer Philosoph erklärt -, ‚aber deshalb', so Augustinus, ‚ist jenen Hochmütigen jener göttliche Lehrmeister (der Logos) verächtlich geworden, weil das Wort Fleisch wurde und unter uns wohnte'. Beide Seiten, so erklärt nun Schlier, gehörten unbedingt zusammen, weil sie nur so das ‚Hauptanliegen' des Prologs zum Ausdruck brächten: ‚die auch vom Philosophen anerkannte über das ursprüngliche Wort als den Grund des Daseins und die ihm unbegreiflich törichte über die Fleischwerdung des Wortes in der Person Jesu Christi'". THEOBALD, *Im Anfang – das Wort*, S. 32.
– Ähnlich, wie in jüngerer Zeit auch das Irritationspotenzial der Wunder wieder stärker betont wird (schließlich handelt es sich hier auch um *das Wunder der Menschwerdung*). Vgl. Kapitel 2.3. in dieser Arbeit.

[94] Vgl. NEGEL, *Und das Fleisch ist Wort geworden*, S. 162.

[95] Ebd. S. 160.

[96] Vgl. WOSCHITZ, Karl Matthäus, *Verborgenheit in der Erscheinung. Mystagogie und Spiritualität des Johannesevangeliums*, Freiburg i.Br., Basel, Wien: Herder 2012 (Forschungen zur Europäischen Geistesgeschichte, Bd. 13), S. 21.

[97] RASCHE, *Der Johannesprolog*, S. 267.

[98] Vgl. Ebd. S. 262.
Auf dieser Spur bleibend könnte eine Betrachtung des Johannesprologs und -evangeliums vor dem Hintergrund der Schriften von Ricœur gewinnbringend sein. Ins Blickfeld geraten kann hier: RICŒUR, Paul, *An den Grenzen der Hermeneutik. Philosophische Reflexionen über die Religion*, Freiburg i.Br., München: Verlag Karl Alber 2008 (worin auch ein Abschnitt unter dem Titel „Hermeneutik der Idee der Offenbarung" enthalten ist).

[99] Vgl. NEGEL, *Und das Fleisch ist Wort geworden*, S. 170.

[100] Vgl. RASCHE, *Der Johannesprolog*, S. 270f.

abbilden kann, was im *Wunder der Menschwerdung* passierte. Ich habe den Eindruck, dass der Johannesprolog ein Versuch ist die Sprachlosigkeit und das Schweigen vor dem Geheimnis der Menschwerdung zu überwinden und dass hierfür die Form des Hymnus für diesen Versuch konstitutiv ist. Der Prolog stellt in dieser Form keinen Versuch einer historischen Wiedergabe dar, sondern eher den Versuch eine philosophische Sprache dafür zu finden, was sich dem Glaubenden in Jesus als dem Logos geoffenbart hat. Dafür, so scheint mir, ist die Sprache kein Medium, die dies vollends einholen kann – aber eines der Medien, mit denen wir Menschen noch am Weitesten kommen (und im Besonderen die Sprache des Hymnus). So wie es für die Wunderfrage keine einfache Lösung gibt[101], so ist es meiner Ansicht nach auch mit *dem Wunder der Menschwerdung*. Und auch in folgenden Punkten sehe ich Analogien zwischen den Wundererzählungen und *dem Wunder der Menschwerdung*:

„Der vierte Evangelist bleibt zumindest skeptisch gegenüber jeder allgemeinen und einfachen Lösung theologischer Fragen. Er hat mit der postmodern anmutenden rhetorischen Figur des ‚sich entziehenden Christus' vielmehr ein Stilmittel geschaffen, das jeder schnellen Antwort oder einseitigen Vereinnahmung der Wunder Jesu von vornherein den Boden entzieht. [...] So bleibt die Dialektik des ‚Verstehen-Wollens' und gleichzeitig ‚Nicht-Verstehen-Könnens' offenbar ein konstitutiv den Wundererzählungen anhaftendes hermeneutisches Potenzial. Es ist ein Potenzial, das herausfordert und an dem sich die Geister scheiden, innerhalb theologischer Diskurse wie darüber hinaus. [...] Vielmehr müssen die Wunder Jesu eine Herausforderung für Theologie, Textwissenschaft und Historik bleiben – um ihrer theologischen Wahrheit und gegenwärtigen Relevanz willen."[102]

Eine weitere Analogie zwischen klassischen Wundererzählungen und dem *Wunder der Menschwerdung* sehe ich in der subjektiven Wirklichkeitswahrnehmung: „Authentizität kann nicht erreicht werden, da es sich immer um Konstruktion handelt, also um den subjektiven Ausdruck der Wirklichkeitswahrnehmung."[103] Wenn es sich

---

[101] Vgl. ZIMMERMANN, *Wundern über ‚des Glaubens liebstes Kind'*, S. 125; Vgl. ALKIER, *Die Wunderdiskussion*, S. 37. Interessant im Kontext der Wunderfrage finde ich ALKIERS Vorschläge, die binäre Wirklichkeitskonzeption zugunsten eines komplexeren Verständnisses von Realität zu überwinden und Wunder als Friktion zu denken. Vgl. Ebd. S. 39f. Auch KOLLMANNs Perspektive, dass es „eine Vielzahl unterschiedlicher Zugänge [gibt], die ihre Berechtigung haben und sich gegenseitig befruchten können" halte ich für verfolgenswert und auch übertragbar auf *das Wunder der Menschwerdung*. KOLLMANN, *Von der Rehabilitierung mythischen*, S. 24.

[102] ZIMMERMANN, *Wundern über ‚des Glaubens liebstes Kind'*, S. 125

[103] LUTHER, *Authentizität oder Authentifizierung?*, S. 271.
Trotz all der Analogien bin ich mir nicht sicher, ob das *Wunder der Menschwerdung* generell im Zuge der klassischen Wundererzählungen mitbehandelt werden sollte. Ein Austausch wäre in meinen Augen aber gewinnbringend.

aber ohnehin immer um Konstruktion handelt sollten Theolog*Innen meiner Ansicht nach ihre subjektive Glaubensperspektive bewusster offenlegen, denn entscheidend für ein solches Verständnis von Wissenschaft ist das reflektierte Offenlegen des eigenen Zugangs.

4. Schlusszusammenfassungen

Das Stichwort, um dass ich in allen Bereichen immer wieder kreise, lautet: *Konstruktivität*. Erst im Nachhinein ist mir in der Art und Weise bewusst geworden, wie *postmodern*-anmutend meine Arbeit ist. (Dabei denke ich, dass bereits der Verfasser des Prologs eine reflektierte Darstellung des *Wunders der Menschwerdung* in Verwendung philosophischer Termini bewusst konstruiert hat und der Postmoderne viel näher ist, als es auf den ersten Blick scheint.) Konstruktivität habe ich in dieser Arbeit in vielen Bereichen thematisiert: Die Konstruktivität der Wunder, der Texte, aus den und aus anderen Quellen auch die Geschichte konstruiert wird, die Konstruktion des Körpers, der Sprache ... *und der Wirklichkeit*. Wenn alles nur konstruiert ist, so lässt sich beispielsweise fragen: Wozu überhaupt noch Geschichtswissenschaft, wenn wir die Vergangenheit ohnehin nur konstruieren? Die Geschichtswissenschaft hat sich im Anschluss an Hayden WHITE zunächst schwer getan mit dieser Perspektive. Doch Konstruktion heißt nicht Beliebigkeit. Die Vergangenheit zu konstruieren bedeutet sich ihr quellengestützt und im reflektierten Offenlegen des eigenen Zugangs zu nähern. Es ist in gewisser Weise wie mit Interpretationen: Es gibt nicht unbedingt die eine richtige Interpretation, sondern mehrere gangbare Wege – was nicht heißt, dass jeder Weg anhand der Quellenbasis möglich ist.

Ähnlich ist es auch im Feld der Wunder und des *Wunders der Menschwerdung*: Es gibt verschiedene gangbare Wege sich zu ihnen und zu ihm zu verhalten. Bewegt man sich auf dem Boden dieser Perspektive, so zeichnet sich gute Wissenschaftlichkeit darin aus bewusst und kritisch zu reflektieren und den eigenen Zugang offen zu legen. Dies versuche ich abschließend erneut in wenigen Worten:

Was kann ich nun als Ergebnis festhalten? Ich habe mich dem Johannesprolog aus einer Perspektive des christlichen Glaubens genähert. Das bedeutet für mich, dass ich die leibliche Menschwerdung Gottes in Jesus Für-Wahr-halten möchte (was natürlich mein Ergebnis beeinträchtigt – genauso wie die umgekehrte Perspektive). Ich habe in dem Johannesprolog für mich einen Text erkannt, der im Kontext dieser unglaublichen Idee (dass ein transzendenter Gott ganz Mensch geworden ist in der Immanenz) versucht hat die Sprachlosigkeit, die dieser Gedanke mit sich bringt, zu überwinden und Worte dafür zu finden. Dass dies in Form eines Hymnus geschieht halte ich für schlüssig, da Situationen, in denen Menschen heute verstummen (z.B. in der Trauer um einen geliebten Freund) ähnliche Reaktionen hervorrufen: Sprachlosigkeit, die in rituellen Akten und Texten überwunden werden kann. Für mich muss die Form, in der dies geschieht, unbedingt mitgedacht werden. Ich habe den Eindruck, dass diese Art des Sprechens (wie auch die metaphorische Sprache) zwar ungeeignet für eine strenge Systematik und Analytik ist, sie in ihrer Mehrdeutigkeit aber entsprechend unterschiedlich gefüllt werden kann, was nicht nur Problem, sondern auch Vorteil sein kann. Wenn dieser Jesus von Nazareth Gott war, dann können wir ihn nicht vollends begreifen (dies gilt zumindest in philosophischen Überlegungen über (einen) Gott). Dann wäre es aber auch nicht problematisch, wenn die Menschwerdung nicht in ein strenges systematisches Konzept passt. Dies soll keine Aussage pro Fundamentalismus sein: Glaube sollte sich meiner Ansicht nach vor der Vernunft verantworten! Das heißt für mich, dass er nicht unvernünftig sein sollte – aber nicht, dass ich alles vernünftig bis ins Letzte erklären kann. Ich kann für mich sagen, dass der Gedanke der Menschwerdung mich in Erstaunen versetzt und dass ich ihn nicht vollends durchdringe. Dass die Verarbeitung der Menschwerdung im Johannesprolog mich anspricht – ich sie aber gar nicht schlussendlich in ein normiertes Konzept bringen möchte, sondern eine gewisse Offenheit positiv finde. Analog zu den klassischen Wundererzählungen bin ich der Meinung, dass das provokante und sperrige auch bei der *Menschwerdung* nicht glattgebügelt werden sollte. Wichtig ist für mich das Staunen vor diesem Gedanken: Gott wurde Mensch.

5. Anhang

Joh 1,1–18

Der Johannesprolog (Joh 1,1–18)	
Novum Testamentum Graece (NA 28)	**Elberfelder Bibel**
1 Ἐν ἀρχῇ ἦν ὁ λόγος, καὶ ὁ λόγος ἦν πρὸς τὸν θεόν, καὶ θεὸς ἦν ὁ λόγος.	1 Im Anfang war das Wort, und das Wort war bei Gott, und das Wort war Gott.
2 οὗτος ἦν ἐν ἀρχῇ πρὸς τὸν θεόν.	2 Dieses war im Anfang bei Gott.
3 πάντα δι' αὐτοῦ ἐγένετο, καὶ χωρὶς αὐτοῦ ἐγένετο οὐδὲ ἕν. ὃ γέγονεν	3 Alles wurde durch dasselbe, und ohne dasselbe wurde auch nicht eines, das geworden ist.
4 ἐν αὐτῷ ζωὴ ἦν, καὶ ἡ ζωὴ ἦν τὸ φῶς τῶν ἀνθρώπων·	4 In ihm war Leben, und das Leben war das Licht der Menschen.
5 καὶ τὸ φῶς ἐν τῇ σκοτίᾳ φαίνει, καὶ ἡ σκοτία αὐτὸ οὐ κατέλαβεν.	5 Und das Licht scheint in der Finsternis, und die Finsternis hat es nicht erfasst.
6 Ἐγένετο ἄνθρωπος, ἀπεσταλμένος παρὰ θεοῦ, ὄνομα αὐτῷ Ἰωάννης·	6 Da war ein Mensch, von Gott gesandt, sein Name: Johannes.
7 οὗτος ἦλθεν εἰς μαρτυρίαν ἵνα μαρτυρήσῃ περὶ τοῦ φωτός, ἵνα πάντες πιστεύσωσιν δι' αὐτοῦ.	7 Dieser kam zum Zeugnis, dass er zeugte von dem Licht, damit alle durch ihn glaubten.
8 οὐκ ἦν ἐκεῖνος τὸ φῶς, ἀλλ' ἵνα μαρτυρήσῃ περὶ τοῦ φωτός.	8 Er war nicht das Licht, sondern er kam, dass er zeugte von dem Licht.
9 Ἦν τὸ φῶς τὸ ἀληθινόν, ὃ φωτίζει πάντα ἄνθρωπον, ἐρχόμενον εἰς τὸν κόσμον.	9 Das war das wahrhaftige Licht, das, in die Welt kommend, jeden Menschen erleuchtet.

10 ἐν τῷ κόσμῳ ἦν, καὶ ὁ κόσμος δι' αὐτοῦ ἐγένετο, καὶ ὁ κόσμος αὐτὸν οὐκ ἔγνω.	10 Er war in der Welt, und die Welt wurde durch ihn, und die Welt kannte ihn nicht.
11 εἰς τὰ ἴδια ἦλθεν, καὶ οἱ ἴδιοι αὐτὸν οὐ παρέλαβον.	11 Er kam in das Seine, und die Seinen nahmen ihn nicht an;
12 ὅσοι δὲ ἔλαβον αὐτόν, ἔδωκεν αὐτοῖς ἐξουσίαν τέκνα θεοῦ γενέσθαι, τοῖς πιστεύουσιν εἰς τὸ ὄνομα αὐτοῦ,	12 so viele ihn aber aufnahmen, denen gab er das Recht, Kinder Gottes zu werden, denen, die an seinen Namen glauben;
13 οἳ οὐκ ἐξ αἱμάτων οὐδὲ ἐκ θελήματος σαρκὸς οὐδὲ ἐκ θελήματος ἀνδρὸς ἀλλ' ἐκ θεοῦ ἐγεννήθησαν.	13 die nicht aus Geblüt, auch nicht aus dem Willen des Fleisches, auch nicht aus dem Willen des Mannes, sondern aus Gott geboren sind.
14 Καὶ ὁ λόγος σὰρξ ἐγένετο καὶ ἐσκήνωσεν ἐν ἡμῖν, καὶ ἐθεασάμεθα τὴν δόξαν αὐτοῦ, δόξαν ὡς μονογενοῦς παρὰ πατρός, πλήρης χάριτος καὶ ἀληθείας.	14 Und das Wort wurde Fleisch und wohnte unter uns, und wir haben seine Herrlichkeit angeschaut, eine Herrlichkeit als eines Eingeborenen vom Vater, voller Gnade und Wahrheit. -
15 Ἰωάννης μαρτυρεῖ περὶ αὐτοῦ καὶ κέκραγεν λέγων· οὗτος ἦν ὃν εἶπον· ὁ ὀπίσω μου ἐρχόμενος ἔμπροσθέν μου γέγονεν, ὅτι πρῶτός μου ἦν.	15 Johannes zeugt von ihm und rief und sprach: Dieser war es, von dem ich sagte: Der nach mir kommt, ist vor mir geworden, denn er war eher als ich. -
16 ὅτι ἐκ τοῦ πληρώματος αὐτοῦ ἡμεῖς πάντες ἐλάβομεν καὶ χάριν ἀντὶ χάριτος·	16 Denn aus seiner Fülle haben wir alle empfangen, und zwar Gnade um Gnade.
17 ὅτι ὁ νόμος διὰ Μωϋσέως ἐδόθη, ἡ χάρις καὶ ἡ ἀλήθεια διὰ Ἰησοῦ Χριστοῦ ἐγένετο.	17 Denn das Gesetz wurde durch Mose gegeben; die Gnade und die Wahrheit ist durch Jesus Christus geworden.

18 Θεὸν οὐδεὶς ἑώρακεν πώποτε· μονογενὴς θεὸς ὁ ὢν εἰς τὸν κόλπον τοῦ πατρὸς ἐκεῖνος ἐξηγήσατο.	18 Niemand hat Gott jemals gesehen; der eingeborene Sohn, der in des Vaters Schoß ist, der hat ihn kundgemacht.

6. Quellen- und Literaturverzeichnis

6.1. Quellenverzeichnis

Zentrale Bibelstelle für diese Arbeit:

Joh 1,1–18

Weitere Bibelstellen:

Ich-bin-Worte Jesu (im Joh[104]):

6,35 Ich bin das Brot des Lebens (vgl. auch 6,41.48.51)

8,12 Ich bin das Licht der Welt.

10,7.9Ich bin die Tür (zu den Schafen).

10,11.14 Ich bin der gute Hirt.

11,25 Ich bin die Auferstehung und das Leben.

14,6 Ich bin der Weg und die Wahrheit und das Leben.

15,1 Ich bin der wahre Weinstock.

Was ist Wahrheit?

Joh 18,38

über die Rolle des Fleisches als Sitz allen Übels

Röm 7,18

[104] Die Ich-bin-Worte Jesu kommen im Johannesevangelium auffällig oft vor – finden sich jedoch auch in den anderen Evangelien (Vgl. ROOSE, Hanna, Art. „*Ich-bin-Worte*", in: WiBiLex, S. 1. https://www.bibelwissenschaft.de/stichwort/46917/ (letzter Zugriff am 20.06.2019)). Da ich in dieser Arbeit auf die Ich-bin-Worte ausschließlich Bezug genommen habe im eher flüchtigen Blick auf das Gesamtkonstrukt Johannesevangelium (bei meinem absoluten Hauptfokus auf den Prolog) liste ich an dieser Stelle ausschließlich Bibelstellen aus dem Johannesevangelium auf.

6.2. Literaturverzeichnis

ALKIER, Stefan, *Die Wunderdiskussion und die notwendige Problematisierung des Wirklichkeitsbegriffs*, in: ders. und Ioan Dumitru Popoiu (Hgg.), Wunder in evangelischer und orthodoxer Perspektive, Leipzig: Evangelische Verlagsanstalt 2015 (Kleinere Schriften, Bd. 6), S. 11–42.

ANGERER, Marie-Luise, *Gender und Performance – Ist weibliche Identität ein Konstrukt?*, in: Emmanuel Alloa, Thomas Bedorf, Christian Grüny und Tobias Nikolaus Klaas (Hgg.), Leiblichkeit. Geschichte und Aktualität eines Konzepts, Tübingen: Mohr Siebeck 2012, S. 334–349.

BECKER, Eva-Marie, *Historiographieforschung und Evangelienforschung. Zur Einführung in die Thematik*, in: dies. (Hg.), Die antike Historiographie und die Anfänge der christlichen Geschichtsschreibung, Berlin, New York: Walter de Gruyter 2005 (Beihefte für die Zeitschrift für die neutestamentliche Wissenschaft und die Kunde der älteren Kirche, Bd. 129), S. 1–17.

BECKER, Jürgen, *Das Evangelium nach Johannes. Kapitel 1–10*, Gütersloh: Gütersloher Verlagshaus Gerd Mohn 1979 (Ökumenischer Taschenbuchkommentar zu Neuen Testament, Bd. 4/1).

BERGER, Klaus, *Darf man an Wunder glauben?*, Gütersloh: Gütersloher Verlagshaus 1999.

BEUTEL, Albrecht, *Die Vernunft des Wunders in der Aufklärungstheologie*, in: Elisabeth Gräb Schmidt und Reiner Preul (Hgg.), Wunder, Leipzig: Evangelische Verlagsanstalt 2016 (Marburger Theologische Studien, Bd. 125; Marburger Jahrbuch, Bd. 28), S. 59–73.

BEUTLER, Johannes, Art. „*Johanneisches Schrifttum. I. Johannesevangelium*“, in: Walter Kasper u.a. (Hgg.), LThK, Bd. 5, Freiburg i.Br., Basel, Rom, Wien: Herder 1996, Sp. 861–865.

BULTMANN, Rudolf, *Das Evangelium des Johannes*, Göttingen: Vandenhoeck & Ruprecht [13]1953.

DAUTZENBERG, Gerhard, Art. „*Leib, Leiblichkeit. II. Biblisch-theologisch*“, in: Walter Kasper u.a. (Hgg.), LThK, Bd. 6, Freiburg i.Br., Basel, Rom, Wien: Herder [3]1997, Sp. 764–766.

EVERS, Dirk, *Was ist ein Wunder? Religionsphilosophische und systematisch theologische Überlegungen aus evangelischer Sicht*, in: Klaus Fitschen und Hans Maier (Hgg.), Wunderverständnis im Wandel. Historisch-theologische Beiträge, Annweiler: Plöger 2006 (Edition Mooshausen, Bd. 5), S. 9–29.

FELDMEIER, Reinhard und SPIECKERMANN, Hermann, *Menschwerdung*, Tübingen: Mohr Siebeck 2018 (Topoi Biblischer Theologie, Bd. 2).

GUARDINI, Romano, *Wunder und Zeichen*, Würzburg: Werkbund-Verlag Würzburg 1959.

GUARDINI, Romano, *Das Wunder als Zeichen*, in: Karl Forster (Hg.), Wunder und Magie, Würzburg: Echter-Verlag 1962 (Studien und Berichte der Katholischen Akademie in Bayern, 17), S. 75–93.

HAEFFNER, Gerd, Art. „*Leib, Leiblichkeit. I. Philosophisch*“, in: Walter Kasper u.a. (Hgg.), LThK, Bd. 6, Freiburg i.Br., Basel, Rom, Wien: Herder [3]1997, Sp. 763–764.

HEIMERL, Theresia, *Wer hat den Eros vergiftet? Historische Grundlegungen und postmoderne Fragen zum Spannungsfeld Eros, Körper und Theologie*, in: Stefan Orth (Hg.), Eros – Körper – Christentum. Provokationen für den Glauben?, Freiburg i.Br., Basel, Wien: Herder 2009, S. 18–46.

HOFRICHTER, Peter, *Im Anfang war der ‚Johannesprolog'. Das urchristliche Logosbekenntnis – die Basis neutestamentlicher und gnostischer Theologie*, Regensburg: Verlag Friedrich Pustet 1986 (Biblische Untersuchungen, Bd. 17).

HOPING, Helmut, Art. „*Logos-Christologie*“, in: Wolfgang Beinert und Bertram Stubenrauch u.a. (Hgg.), Neues Lexikon der katholischen Dogmatik, Freiburg i.Br., Basel, Wien: Herder 2012, S. 446–448.

JEWETT, Robert, Art. „*Leib/Leiblichkeit. I. Biblisch*“, in: Hans Dieter Betz, Don S. Browning, Bernd Janowski und Eberhard Jüngel (Hgg.), RGG, Tübingen: Mohr Siebeck ^{4}2002, Sp. 215–218.

JORDAN, Stefan, *Der linguistic turn und seine Folgen für die Geschichtswissenschaft*, in: Christof Landemesser und Ruben Zimmermann (Hgg.), Text und Geschichte. Geschichtswissenschaftliche und literaturwissenschaftliche Beiträge zum Faktizitäts-Fiktionalitäts-Geflecht in antiken Texten, Leipzig: Evangelische Verlagsanstalt 2017, S. 55–71.

KERTELGE, Karl, *Die Wunder Jesu in der neueren Exegese*, in: ThJb(L) (1981), S. 67–93.

KIERKEGAARD, Søren, *Philosophische Schriften*, Frankfurt a. M.: Zweitsausendeins 2007.

KLUMBIES, Paul-Gerhard, *Die Grenze form- und redaktionsgeschichtlicher Wunderexegese*, in: BZ 58, 1 (2014), S. 21–45.

KÖHNLEIN, Manfred, *Wunder Jesu – Protest- und Hoffnungsgeschichten*, Stuttgart: W. Kohlhammer 2010.

KOLLMANN, Bernd, *Neutestamentliche Wundergeschichten. Biblisch-theologische Zugänge und Impulse für die Praxis*, Stuttgart: W. Kohlhammer ^{3}2002.

KOLLMANN, Bernd, *Von der Rehabilitierung mythischen Denkens und der Wiederentdeckung Jesu als Wundertäter. Meilensteine der Wunderdebatte von der Aufklärung bis zur Gegenwart*, in: ders. und Ruben Zimmermann (Hgg.), Hermeneutik der frühchristlichen Wundererzählungen. Geschichtliche, literarische und rezeptionsorientierte Perspektiven, Tübingen: Mohr Siebeck 2014 (Wissenschaftliche Untersuchung zum Neuen Testament, Bd. 339), S. 3–25.

KORSCH, Dietrich, Art. „*Leib und Seele. II. Religionsphilosophisch und theologiegeschichtlich*", in: Hans Dieter Betz, Don S. Browning, Bernd Janowski und Eberhard Jüngel (Hgg.), RGG, Bd. 5, Tübingen: Mohr Siebeck [4]2002, Sp. 222–224.

KÜNG, Hans, *Jesus*, München, Zürich: Piper 2012.

LEPPIN, Volker, *Madensack und Tempel des Heiligen Geistes. Leiblichkeit bei Martin Luther*, in: Bernd Janowski, Christoph Schwöbel (Hgg.), Dimensionen der Leiblichkeit. Theologische Zugänge, Neukirchen-Vluyn 2015 (Theologie Interdisziplinär, Bd. 16), S. 86–97.

LESSING, Gotthold Ephraim, *Über den Beweis des Geistes und der Kraft*, in: Werke und Briefe VIII, Frankfurt a. M.: Deutscher Klassiker Verlag 1989, S. 437–445.

LEWIS, Clive Staples, *Wunder. Möglich, wahrscheinlich, undenkbar?*, Basel: Brunnen Verlag 2012[5].

LUTHER, Susanne, *Authentizität oder Authentifizierung? Die literarische Darstellung des Wunderhaften in neutestamentlichen Wundererzählungen*, in: Stefanie Kreuzer, Uwe Durst (Hgg.), Das Wunderbare. Dimensionen eines Phänomens in Kunst und Kultur, Paderborn: Wilhelm Fink 2018 (Traum – Wissen – Erzählen, Bd. 3), S. 265–277.

NEGEL, Joachim, *Und das Fleisch ist Wort geworden ... Liturgie und Leiblichkeit in phänomenologischer Perspektive*, in: Ingolf U. Dalferth und Simon Peng Keller (Hgg.), Beten als verleiblichtes Verstehen. Zugänge zu einer Hermeneutik des Gebets, Freiburg i.Br., Basel, Wien: Herder, 2016, S. 138–170.

ORTH, Stefan, *Zur Einführung*, in: ders. (Hg.), Eros – Körper – Christentum. Provokationen für den Glauben?, Freiburg i.Br., Basel, Wien: Herder 2009, S. 9–17.

ORTH, Stefan, *Theologinnen und Theologen diskutieren über Körper, Leiblichkeit und Inkarnation. Angelpunkt des Heils*, in: Herder Korrespondenz 70, 11 (2016), S. 43–46.

PERNKOPF, Elisabeth, *Wunder wirken. Epistemologische und systematisch-theologische Bemerkungen*, in: Bibel und Liturgie … in kulturellen Räumen 84, 4 (2011), S. 240–247.

PLÜMACHER, Eckhard, *Τερατεία. Fiktion und Wunder in der hellenistisch römischen Geschichtsschreibung und in der Apostelgeschichte*, in: ders. (Hg.), Geschichte und Geschichten, Tübingen: Mohr Siebeck 2004, S. 33–83.

RASCHE, Michael, *Der Johannesprolog – Sprachlichkeit der Inkarnation und Inkarnation der Sprachlichkeit*, in: Jean-Luc Marion und Walter Schweidler (Hgg.), Christentum und Philosophie. Einheit im Übergang, Freiburg, München: Verlag Karl Alber 2014 (Eichstätter philosophische Beiträge, Bd. 2), S. 256-271.

REISER, Marius, *Die Wunder Jesu – eine Peinlichkeit?*, in: EuA 73, 6 (1997), S. 425–437.

RINGLEBEN, Joachim, Art. „Leib/Leiblichkeit. II. Dogmatisch“, in: Hans Dieter Betz u.a. (Hgg.), RGG, Bd. 5, Tübingen: Mohr Siebeck [4]2002, Sp. 218–220.

ROOSE, Hanna, Art. „*Ich-bin-Worte*", in: WiBiLex, S. 1–13. https://www.bibelwissenschaft.de/stichwort/46917/ (letzter Zugriff am 20.06.2019)

Für die Seitenangabe wurde das entsprechende PDF-Dokument verwendet:

https://www.bibelwissenschaft.de/fileadmin/buh_bibelmodul/media/wibi/pdf/Ich_bin_Worte__2018-09-20_06_20.pdf (letzter Zugriff am 20.06.2019)

RUNGGALDIER, Edmund, Art. „*Leib u. Seele. II. Philosophisch-anthropologisch*", in: Walter Kasper u.a. (Hgg.), LThK, Bd. 6, Freiburg i.Br., Basel, Rom, Wien: Herder [3]1997, Sp. 773–775.

SCHADE, Hans-Heinrich, *Jesus von Nazareth. Was die Quellen wirklich sagen*, Berlin: Pro Business 2010.

SIEGERT, Folker, *Von der Sterblichkeit der Seele zur Leiblichkeit der Auferstehung. Neutestamentlicher Einspruch gegen den kirchlichen Platonismus*, in: Uwe Sawrat und Thomas Söding (Hgg.), Gemeinsame Hoffnung über den Tod hinaus. Eschatologie im ökumenischen Gespräch, Freiburg i.Br., Basel, Wien: Herder 2013 (Quaestiones Disputate, Bd. 257), S. 50–70.

SIGNORI, Gabriela, *Wunder. Eine historische Einführung*, Frankfurt a. M. und New York: Campus Verlag 2007 (Historische Einführungen, Bd. 2).

STEINS, Georg, *Wunder, biblisch: eine „Beziehungstat"*, in: Bibel und Liturgie … in kulturellen Räumen 84, 4 (2011), S. 247–258.

STRIET, Magnus, *Moderne Körperlust. Ein theologischer Versuch zu bizarren Phänomenen*, in: Stefan Orth (Hg.), Eros – Körper – Christentum. Provokationen für den Glauben?, Freiburg i.Br., Basel, Wien: Herder 2009, S. 128–141.

STROTMANN, Angelika, *Der historische Jesus: eine Einführung*, Paderborn: Ferdinand Schönigh 2012.

THEOBALD, Michael, *Im Anfang war das Wort. Textlinguistische Studie zum Johannesprolog*, Stuttgart: Verlag Katholisches Bibelwerk GmbH 1983 (Stuttgarter Bibelstudien, Bd. 106).

THEOBALD, Michael, *Die Fleischwerdung des Logos. Studien zum Verhältnis des Johannesprologs zum Corpus des Evangeliums und zu 1 Joh*, Münster: Aschendorff 1988.

THEOBALD, Michael, *Im Anfang – das Wort. Zum Johannesprolog*, in: Christoph Gellner und Georg Langenhorst (Hgg.), Herzstücke. Texte, die das Leben ändern (FS Karl-Josef Kuschel), Düsseldorf: Patmos 2008, S. 29–37.

THURNER, Martin, Art. „*Leib / Fleisch / Körper (katholisch)*“, in: Bertram Stubenrauch und Andrej Lorgus (Hgg.), Handwörterbuch zur theologischen Anthropologie. Römisch-katholisch / Russisch-orthodox. Eine Gegenüberstellung, Freiburg i.Br., Basel, Wien 2012, S. 397–400.

WHITE, Hayden, *Metahistory. The Historical Imagination in Nineteenth-Century Europe*, Baltimore, London: The John Hopkins University Press 1973.

VERWEYEN, Hansjürgen, *Die historische Rückfrage nach den Wundern Jesu*, in: TTZ 90, 1 (1981), S. 41–58.

VORGRIMLER, Herbert, Art. „*Neuplatonismus*“, in: ders. (Hg.), Neues Theologisches Wörterbuch, Freiburg i.Br., Basel, Wien 2000, S. 451–452.

VORGRIMLER, Herbert, Art. *„Platonismus"*, in: ders. (Hg.), Neues Theologisches Wörterbuch, Freiburg i.Br., Basel, Wien 2000, S. 496–497.

WENDEL, Saskia, *Die Fetischisierung des „schönen' Körpers. Kritische Bemerkungen*, in: Stefan Orth (Hg.), Eros – Körper – Christentum. Provokationen für den Glauben?, Freiburg i.Br., Basel, Wien: Herder 2009, S. 112–127.

WILCKENS, Ulrich, *Das Evangelium nach Johannes*, Göttingen: Vandenhoeck & Ruprecht [17]1998 (Das Neue Testament Deutsch, Teilband 4).

WILKE, Anette, Art. „*Leib und Seele. I. Religionswissenschaftlich*", in: Hans Dieter Betz, Don S. Browning, Bernd Janowski und Eberhard Jüngel (Hgg.), RGG, Bd. 5, Tübingen: Mohr Siebeck [4]2002, Sp. 221–222.

WOSCHITZ, Karl Matthäus, *Verborgenheit in der Erscheinung. Mystagogie und Spiritualität des Johannesevangeliums*, Freiburg i.Br., Basel, Wien: Herder 2012 (Forschungen zur Europäischen Geistesgeschichte, Bd. 13).

ZIMMERMANN, Ruben, *Wundern über ‚des Glaubens liebstes Kind'. Die hermeneutische (De-) Konstruktion der Wunder Jesu in der Bibelauslegung des 20. Jahrhunderts*, in: Alexander C.T. Geppert und Till Kössler (Hgg.), Wunder. Poetik und Politik des Staunens im 20. Jahrhundert, Berlin: Suhrkamp 2011, S. 95–125.

ZIMMERMANN, Ruben, *Frühchristliche Wundererzählungen – eine Hinführung*, in: ders. (Hg.), Kompendium der frühchristlichen Wundererzählungen. Die Wunder Jesu (Bd. 1), Gütersloh: Gütersloher Verlagshaus 2013, S. 5–67.

ZIMMERMANN, Ruben, *Von der Wut des Wunderverstehens. Grenzen und Chancen einer Hermeneutik der Wundererzählungen*, in: Bernd Kollmann und ders. (Hgg.), Hermeneutik der frühchristlichen Wundererzählungen. Geschichtliche, literarische und rezeptionsorientierte Perspektiven, Tübingen: Mohr Siebeck 2014 (Wissenschaftliche Untersuchungen zum Neuen Testament, Bd. 339), S. 27–52.

ZIMMERMANN, Ruben, *Verschlungenheit und Verschiedenheit von Text und Geschichte. Eine hinführende Skizze*, in: Christof Landemesser und ders. (Hgg.), Text und Geschichte. Geschichtswissenschaftliche und literaturwissenschaftliche Beiträge zum Faktizitäts-Fiktionalitäts-Geflecht in antiken Texten, Leipzig: Evangelische Verlagsanstalt 2017, S. 9–51.

Printed by Books on Demand GmbH, Norderstedt / Germany